Betonbauten in Graubünden

Concrete Structures in Grisons

Edition DETAIL

Zwischen Gipfeln und Tälern: Bauen in Graubünden

Between Peaks and Valleys: Building in Grisons

Daniel Reisch

Graubünden ist das Land der Berge und Täler. Ausgehend vom Rheintal formen zahlreiche Täler in Verbindung mit über 900 Gipfeln eine majestätische Landschaft von atemberaubender Schönheit. Eine Vielzahl der Berggruppen liegt oberhalb der Baumgrenze. Diese steinig grauen Felsformationen verströmen durch ihr karges und schroffes Äußeres einen außergewöhnlichen Reiz und führen uns noch heute durch ihre beeindruckende Größe und Wucht die Naturgewalten deutlich vor Augen.

MENSCH UND LANDSCHAFT: EINE SYMBIOTISCHE BEZIEHUNG

Die Menschen der Region stehen in symbiotischer Beziehung zu dieser besonderen Landschaft. Viele Jahrhunderte bewirtschafteten sie unter schweren Bedingungen ihre Höfe in teilweise abgelegenen Höhenlagen. Während der langen Winterperiode zum Teil komplett von der Außenwelt abgeschnitten, unterhielten sie trotz der widrigen Umstände diese einzigartige Kulturlandschaft. Neben der Almwirtschaft war die Alpenüberquerung eine zusätzliche Einnahmequelle in mehreren Teilen Graubündens. Die Bewohner profitierten vom Handel sowie von Zöllen. Von der Römerzeit bis ins beginnende 19. Jahrhundert war der Übertritt zwischen Italien und den nördlich davon gelegenen Ländern durch schnell wechselnde Wetterlagen, Steinschlag und zum Teil brüchige Pfade noch mit hohen Gefahren verbunden. Obwohl die Instandhaltung der teilweise in Stein gemeißelten Transitwege aufwendig war, gelangten die Einheimischen an den wichtigsten Routen durch Erhebung von Zöllen zu Reichtum und Macht.

BAUTEN DER INFRASTRUKTUR: BAHNSTRECKEN, PASSSTRASSEN UND STAUDÄMME

Die einsetzende Industrialisierung am Übergang vom 19. ins 20 Jahrhundert löste – ähnlich wie in allen anderen Teilen Europas – einen tiefgreifenden Wandel in der Region aus. Insbesondere der Erschließung zahlreicher Täler durch Ingenieursbauwerke wie Brücken, Tunnel, Bahnen und Straßen kam hierbei eine wichtige Bedeutung zu. Durch den Bau der Rhätischen Bahnen wurden beispielsweise viele schwer zugängliche Gebiete dauerhaft erschlossen und konnten nun einfach von jedem erreicht werden. Das neu geschaffene Eisenbahnnetz war eine wichtige Voraussetzung für den einsetzenden Tourismus, insbesondere im Engadin. Dabei wurden die Rhätischen Bahnen von Anfang an als eigene Touristenattraktion konzipiert.[1] Landschaftlich besonders reizvolle Abschnitte wurden in die Streckenplanung einbezogen und tollkühne Tunnel- und Brückenkonstruktionen wie das Landwasser- oder das Kreisviadukt bei Brusio machen die Bahnfahrt auch heute noch für Besucher attraktiv. Ortschaften, die keine Verbindung an die Eisenbahnlinien erhielten, wurden an das neu konzipierte Straßennetz angeschlossen. Der Ausbau zahlreicher Passstraßen ermöglichte im übergeordneten Maßstab die unkomplizierte Verbindung innerhalb der einzelnen Teile des Kantons. Durch den steigenden Energiebedarf im Zuge der Industrialisierung war neben der Errichtung dieser Verkehrsbauten insbesondere der Bau eines Systems von Staudämmen und Wasserwerken von großer Bedeutung. Große Elektrizitätswerke, wie das der Stadt Zürich, bauten ihre Wasserkraftwerke in der Region. Diese formten nicht nur das Bild der Landschaft neu, sondern sorgten auch durch die Erhebung eines Stromzinses für einen wirtschaftlichen Aufschwung, der die zahlreichen Investitionen in die Infrastruktur finanzierte. Bei einer Vielzahl dieser Bauten, die in der ersten Hälfte des 20. Jahrhundert für den Anschluss Graubündens an die infrastrukturellen Entwicklungen im Land wichtig waren, ist Beton das zentrale Material. Die technischen Eigenschaften des Werkstoffs haben diese Bauwerke erst möglich gemacht.

NACHKRIEGSMODERNE IN GRAUBÜNDEN

Der Bautypus des Engadiner Hauses mit seinem schräg zulaufenden Fensterlaibungen, aber auch die aus Holz errichteten Strickbauten prägen eine Vielzahl der historisch gewachsenen Orte. Mit dem Bau der Ingenieurbauwerke wurden erste Gebäude auch im „Geist der Moderne" errichtet. Der Architekt Bruno Giacometti, Bruder des berühmten Bildhauers Alberto Giacometti, war beispielhaft für die Planung der Kraftwerksanlage in Castasegna aus dem Jahr 1959 verantwortlich. Die technischen Gebäude sind als Betonskelett konstruiert, das mit Bruchsteinmauerwerk ausgefacht wurde. „Das sichtbare Skelett, als Ausdruck

Grisons is a land of mountains and valleys. Starting from the Rhine Valley, several valleys together with over 900 peaks form a majestic landscape of breathtaking beauty. A large number of mountain groups lies above the tree line. These stony-grey rock formations exude an extraordinary charm due to their barren and rugged appearance, while their impressive size and power clearly demonstrate the forces of nature to this very day.

HUMAN BEINGS AND LANDSCAPE: A SYMBIOTIC RELATIONSHIP

The people of the region have a symbiotic relationship with this special landscape. Over many centuries, they managed their farmyards under difficult circumstances at partly remote elevations. During the long winter period, and occasionally completely cut off from the outside world, they maintained this unique cultural landscape in spite of adverse conditions. Alongside alpine farming, alpine crossings were an additional source of income in several parts of Grisons. Residents profited from trade as well as tariffs. From the Roman period up to the early 19th century, the crossing between Italy and the countries lying north of it was still perilous due to rapidly changing weather conditions, rock fall, and partly crumbling pathways. Though the upkeep of the partly stone-hewn transit routes was laborious, the locals along the most important routes attained wealth and power by charging tariffs.

INFRASTRUCTURAL BUILDINGS: RAILWAY LINES, MOUNTAIN PASS ROADS, AND DAMS

The beginning industrialisation in the late 19th century triggered a profound change in the region, as in all other parts of Europe. Providing numerous valleys with civil engineering structures such as bridges, tunnels, railways and roads to make them accessible became important in this regard. The construction of the Rhaetian Railways, for example, enabled the permanent connectivity of many areas that were difficult to access, allowing them to be easily reached by everyone. The newly created railway network was an important prerequisite for the budding tourism, especially in the Engadine. From the start, the Rhaetian Railways were conceived as a tourist attraction in their own right.[1] Sections where the landscape was especially attractive were incorporated into the route planning, while bold tunnel and bridge structures, such as the Landwasser Viaduct or the Brusio circular viaduct, still make the train journey attractive for visitors up to the present day. Localities that weren't connected to the railway lines were linked to the newly conceived road network. The extension of numerous mountain pass roads permitted straightforward connection within the individual parts of the canton on a higher scale. Due to growing energy demand in the course of industrialisation, and alongside the creation of these transport facilities, the construction of a system of dams and waterworks was of major importance. Large electricity plants, such as that of the city of Zurich, built their hydroelectric power stations in the region. These not only reshaped the image of the landscape but also caused an economic upswing by charging an electricity tax, which financed the numerous infrastructure investments. In many of these structures, which were important for linking Grisons to the infrastructural developments in the country in the first half of the 20th century, concrete is the main material. The technical characteristics of this material made these buildings possible in the first place.

POST-WAR MODERNISM IN GRISONS

The building type of the Engadine house, with its diagonally tapered window reveals, as well as the timber log constructions characterise many of the historically grown localities. The construction of the civil engineering works also led to the creation of first buildings in the spirit of modernism. The architect Bruno Giacometti, for example, brother of the renowned sculptor Alberto Giacometti, was responsible for planning the power plant in Castasegna in 1959. The technical buildings were constructed as a concrete skeleton, which was filled in with rubble masonry. "The visible skeleton, as an expression of technical, industrial, modern architecture, is thus combined with regional building methods and traditional construction materials."[2] The power plant structures were complemented by several residential buildings for employees. All buildings take up the proportionality of the historical core of Castasegna, positioning themselves similar to stables within the chestnut grove that has grown over many years. A similar

Das Kreisviadukt in Brusio: Ingenieurbauwerke wie Brücken, Tunnel, Straßen und Bahnen ermöglichten die Erschließung zahlreicher Täler in Graubünden. In Verbindung mit einem Netz an Wasserkraftwerken waren sie bedeutsam für die Modernisierung der Region.

The Brusio circular viaduct: civil engineering structures such as bridges, tunnels, roads, and railway lines made numerous valleys in Grisons accessible. In conjunction with a network of hydroelectric power plants, they were important for the modernisation of the region.

Die Arbeitersiedlung des Kraftwerks in Castasegna: Der Architekt Bruno Giacometti verband bei der Planung der gesamten Anlage lokale Bautraditionen mit Ideen der klassischen Moderne.

The workers' estate of the power plant in Castasegna: the architect Bruno Giacometti combined local building traditions with ideas of classic modernism in the planning of the entire complex.

Die Heiligkreuz-Kirche in Chur: Der von Walter Förderer geplante Sakralbau besticht durch seine skulpturale Anmutung. Für das Errichten der Wände wurden Bretterschalungen verwendet, deren Textur sich deutlich an der Betonoberfläche abzeichnet.

The Heiligkreuz Church in Chur: the sacred building, planned by Walter Förderer, impresses due to its sculptural feel. For the construction of the walls, formwork boards were used, whose texture is clearly visible on the concrete surface.

der technischen, industriellen, modernen Architektur, ist so mit regionaler Bauweise und traditionellem Baumaterial verbunden."[2] Die Kraftwerksbauten wurden um mehrere Wohnhäuser für Angestellte ergänzt. Sämtliche Bauten greifen die Maßstäblichkeit des historischen Kerns Castasegnas auf und positionieren sich ähnlich wie Stallgebäude innerhalb des über Jahre gewachsenen Hains aus Kastanien. Eine ähnliche Vorgehensweise bestimmt auch die Arbeiten von Rudolf Olgiati im Umkreis von Flims. Sie üben noch heute Einfluss auf viele Architekten aus. Olgiati versuchte in seinen Bauten lokale Bautraditionen mit Konzepten klassischer Architektur, aber auch den Ideen Le Corbusiers zu vereinen und diese verschiedenen Ansätze wie zum Beispiel beim Apartmenthaus Las Caglias geschickt in eine zeitgemäße Architektursprache zu transformieren. Die Architektur der Nachkriegszeit ist prägend für die Region. Nicht nur in ihrem konzeptionellen Ansatz, sondern auch in der Quantität der realisierten Bauwerke. Neben Rudolf Olgiati und Bruno Giacometti haben Protagonisten wie Hanspeter Menn, Robert Obrist, Andres Liesch und viele mehr zahlreiche Bauten in der Nachkriegszeit realisieren können. Ihr bevorzugter Baustoff war Beton, weshalb sie landläufig auch als „die Betonisten"[3] bezeichnet werden. In ihren Arbeiten betonen sie die skulpturale Kraft des Materials, mit der sie faszinierende Räume schufen. Ein gutes Beispiel hierfür ist auch die Heiligkreuz-Kirche in Chur von Walter Förderer, bei der seine bildhauerische Ausbildung – als Architekt war Walter Förderer Autodidakt – deutlich zum Tragen kommt.

ZEITGENÖSSISCHES ARCHITEKTURSCHAFFEN

Die Region verfügt über eine außergewöhnliche Dichte an qualitätvollen Bauten. Hier ansässige Architekten wie Peter Zumthor, Bearth & Deplazes, Gion A. Caminada oder Rudolf Olgiati bauen vor Ort, in der gesamten Schweiz, aber auch über deren Grenzen hinaus. Sie werden weltweit publiziert und diskutiert und sind wichtige Vertreter im internationalen Architekturdiskurs. Eine Vielzahl der hier in den letzten Jahren entstandenen Bauten zeichnet sich durch den einfühlsamen Umgang mit dem Kontext aus. Wobei sich der Kontext nicht nur auf rein städtebauliche Aspekte reduziert. Als gleichberechtigte Bezugspunkte können hier auch besondere landschaftliche Formationen oder Bauwerke, architekturgeschichtliche Hintergründe, baurechtliche Fragestellungen oder das Werk einzelner Architekten dienen. Außergewöhnlich viele dieser Bauten sind aus Beton – aus sehr verschiedenen Gründen: Grundlegend ist, dass alle Bestandteile des Materials regional leicht verfügbar sind. Zudem fügt sich das Material gut in die steinig graue Felslandschaft der Umgebung ein, der Werkstoff war und ist bis heute bedeutsam für die Modernisierung, aber auch für das architektonische Erbe der Region. Diese Aspekte sind ebenfalls verantwortlich für die im Vergleich zu anderen Ländern und Regionen hohe Akzeptanz des Materials in der Bevölkerung. Weiter macht sein großer Reichtum im Ausdruck den Beton für Architekten in der Anwendung besonders interessant. Durch die freie Formbarkeit und die Vielzahl der Möglichkeiten der Oberflächengestaltung ist er aber per se, wenn man ihn mit anderen Werkstoffen vergleicht, erst einmal ein charakterschwaches Material. Nur durch die zielgerichtete Komposition der einzelnen Elemente kann er, einem Akt der Alchemie ähnlich, in ein charakterstarkes „Edelmaterial" transformiert werden. Die Architekten Graubündens sind Meister dieser Veredelung. Sie werden in ihrem Handeln von einem Handwerk unterstützt, das es trotz seiner traditionsbewussten Verankerung versteht, sich immer wieder für neue Anwendungstechniken zu öffnen. Durch den Klimawandel stehen Graubünden weitreichende Änderungen bevor. Das Abschmelzen der Gletscher lässt sich hier aus nächster Nähe beobachten. Die damit verbundenen Herausforderungen werden sich nur durch die zuvor beschriebene Kombination aus Tradition und Innovation meistern lassen. Es wird spannend sein zu sehen, wie diese Anforderungen in der Architektur in Zukunft umgesetzt werden und die Planung neu entstehender Betonbauten beeinflussen.

1 Zschokke, Walter: Landschaften und Infrastruktur. In: Deutsches Architekturmuseum Frankfurt (Hrsg.): Architektur im 20. Jahrhundert, Bd. 5, Schweiz. München 1998, S.78ff.
2 Clavout, Conradin; Ragettli, Jürg: Die Kraftwerkbauten im Kanton Graubünden. Chur 1991, S. 182ff.
3 Hochparterre und Bündner Heimatschutz (Hrsg.): Bauen in Graubünden. Ein Architekturführer zu 100 zeitgenössischen Bauten. Zürich 2013, S. 13f.

approach also determines the works of Rudolf Olgiati in the vicinity of Flims, which are perceived as influential by many architects to this very day. In his buildings, Olgiati attempted to merge local building traditions with concepts of classical architecture but also the ideas of Le Corbusier, and to skilfully transform these different approaches into a contemporary architectural language, as in the Las Caglias block of flats, for example. The architecture of the post-war period characterises the region, not only in terms of its conceptual approach but also in the number of realised buildings. Apart from Rudolf Olgiati and Bruno Giacometti, protagonists such as Hanspeter Menn, Robert Obrist, Andres Liesch and many others, were able to realise numerous buildings in the post-war period. Their preferred building material was concrete, which is why they are commonly also known as "die Betonisten"[3] ["the concretists"]. In their works, they emphasise the material's sculptural power, which they used to create fascinating spaces. The best example for this is the Heiligkreuz Church in Chur on which Walter Förderer, a self-trained architect, brought his formation as a sculptor into effect.

CONTEMPORARY ARCHITECTURAL PRACTICE

The region has an extraordinary density of exquisite buildings. Resident architects, such as Peter Zumthor, Bearth & Deplazes, Gion A. Caminada, or Rudolf Olgiati build locally, in all of Switzerland, but also beyond its borders. They are published and discussed worldwide, and are important representatives in the international architectural discourse. A large number of buildings constructed here in recent years is characterised by a sensitive handling of the context, whereby the context is not merely reduced to purely urban developmental aspects. What may also serve as equal points of reference are special landscape formations or buildings, architectural history-related backgrounds, questions of building law, or the work of individual architects. An exceptionally large number of these buildings are made of concrete – for very different reasons: what is fundamental is that all parts of the material are regionally easily available. Moreover, the material integrates well with the stony-grey rocky landscape of the surroundings. The material was and continues to be important for modernisation but also for the architectural heritage of the region. These aspects are likewise responsible for the high acceptance of the material in the population, as compared to other countries and regions. In addition, the richness of its expression makes concrete especially interesting for architects in terms of application. Thanks to its free formability and the multitude of surface design possibilities, however, it is per se, and in comparison with other materials, a material of weak character. Only by means of a purposeful composition of the individual components, similar to an act of alchemy, is it transformed into a noble material of strong character. The architects of Grisons are masters of this refinement. In their work, they are supported by craftsmanship, which – despite its tradition-conscious anchoring – is always able to adapt to new application technologies. Due to climate change, Grisons is confronted with far-reaching changes. The melting of the glaciers is clearly observable here. The associated challenges can only be met by the above-described combination of tradition and innovation. It will be exciting to see how these requirements will be implemented in architecture in the future and influence the planning of newly emerging concrete buildings.

1 Zschokke, Walter: Landschaften und Infrastruktur. In: Deutsches Architekturmuseum Frankfurt (ed.): Architektur im 20. Jahrhundert, vol. 5, Schweiz, Munich 1998, p. 78 ff
2 Clavout, Conradin; Ragettli, Jürg: Die Kraftwerkbauten im Kanton Graubünden. Chur 1991, p. 182 ff
3 Hochparterre und Bündner Heimatschutz (ed.): Bauen in Graubünden. Ein Architekturführer zu 100 zeitgenössischen Bauten. Zurich 2013, p. 13 f

Geschichte weiterschreiben. Im Gespräch mit Armando Ruinelli

Continuing the Writing of History. In Conversation with Armando Ruinelli

Daniel Reisch
Armando Ruinelli

DR Auf dem Weg von Chur nach Soglio begibt man sich auf eine Reise durch die einzigartige Berglandschaft Graubündens. Imposante Bahnstrecken und Passstraßen erschließen zahlreiche Seitentäler. Dadurch wird einem die Urbanisierung der Gegend zwischen dem 19. und 20. Jahrhundert deutlich vor Augen geführt. Welchen Einfluss und welche Bedeutung hatten und haben diese Bauwerke auf das Leben und die Kultur der Region?

AR Diese Bauwerke haben immer noch eine unglaubliche Bedeutung – gerade im Bergell, an dem die Bahneuphorie vorbeigegangen ist. Anfang des 20. Jahrhunderts wurde die wunderbare Berninabahn gebaut und es gab zunächst auch Pläne für eine Anbindung des Bergells, die später jedoch nicht realisiert wurden. Deswegen prägen Passstraßen hier nicht nur das Bild der Landschaft, sondern vor allem auch das Dasein der Menschen. Die Möglichkeit, sich mit Bewohnern anderer Täler auszutauschen, hat dabei nicht nur eine ökonomische Wirkung. Sie offenbart sich insbesondere in der kulturellen Dimension. Man hat sich plötzlich „verbunden" gefühlt. Und das ist bis heute der springende Punkt. Ich zum Beispiel lebe sehr gerne hier, aber nur solange ich einigermaßen angeschlossen bin.

DR Viele dieser Infrastrukturmaßnahmen wurden damals erst durch den Einsatz von Beton technisch möglich. Zahlreiche Gebäude im öffentlichen und privaten Bereich werden in Graubünden bis heute aus Beton bzw. Sichtbeton errichtet. Besteht für Sie ein Zusammenhang zwischen der Bedeutung des Werkstoffs für die Modernisierung der Region und der hier weit verbreiteten außergewöhnlichen Offenheit gegenüber dem Material?

AR Gefühlsmäßig besteht durchaus auch Widerstand dem Material gegenüber. Man hört oft, das Material sei zu „kalt" und zu „hart". Gleichzeitig gibt es in Graubünden jedoch auch eine Art Liebe zum Beton. Inzwischen hat sich das Material extrem weiterentwickelt. Es existiert mittlerweile fast schon durchsichtiger Beton. Zusatzstoffe, Vorspannung sowie die Vorfabrikation haben die Einsatzmöglichkeiten enorm erweitert, was das Material so vielfältig macht. Zudem ist Beton sehr plastisch: Man kann ihn formen, ihm eine eigene Oberfläche geben. Diese kann dann interessanterweise auch als Teil der „Erinnerung an die Tradition" gelesen werden, wie zum Beispiel beim Turm von Miller & Maranta in Castasegna. Dabei geht es weniger um das Material an sich, sondern vielmehr darum, wie man das Material so verarbeiten, so gebrauchen kann, dass es eine Erinnerung wachruft. Wenn wir Architekten dem Bauherrn gegenüber erwähnen, wir könnten uns als Baumaterial auch Beton vorstellen, stoßen wir oft erst einmal auf eine Abwehrhaltung.
Als wir vor einigen Jahren ein kleines Haus im Münstertal realisierten, haben wir dem Beton Marmor beigemischt, wodurch er ganz hell wurde. Der weitere Prozess mit den Auftraggebern war dann unheimlich spannend, weil sich die Bauherren plötzlich mit dem Material auseinandersetzten. So auch die Geschichte einer Frau, die mit Luigi Snozzi ein Haus gebaut hat und plötzlich nicht mehr davon lassen konnte, Betonfassaden anzufassen. Offensichtlich ist es selbst in Graubünden fast so, dass dem Material gegenüber häufig Vorurteile bestehen. Durch die Vermittlung eines Architekten werden diese oft überwunden.

DR Das Dorf Soglio ist geprägt durch das dichte Geflecht eng stehender Bebauung. Viele Ihrer Arbeiten sind hier verankert – Sie verstehen es, die besondere Atmosphäre, aber auch die lokalen Bautraditionen in der Gegenwart weiterzuentwickeln gerade auch in ihrer behutsamen Arbeit am Bestand. Dabei kommt auch immer wieder das Material Beton zur Anwendung. Welche Gründe gibt es für diese Materialwahl?

AR Beton ist sehr vielseitig einsetzbar. Zudem hat meine Aufgeschlossenheit gegenüber dem Beton auch mit folgender Herangehensweise zu tun. Einfach ausgedrückt: Ich baue zwei Wände, dazwischen entsteht ein Raum, den ich auffülle. Beim Arbeiten mit Beton hat man jedes Mal Angst, wie das Ergebnis nach dem Ausschalen aussieht. Wir machen uns zwar immer vorab viele Gedanken, aber kontrollieren kann ich es nicht. Deswegen bauen wir im Vorfeld viele Modelle und Muster im Maßstab 1:1. Beim Bauen im Bestand sind unsere Baustellen zusätzlich oft gar nicht mit einem Lastauto oder Ähnlichem zugänglich. Also stellen sich weitere Fragen: Wie bringe ich das Material auf die Baustelle? Was für ein

DR On the way from Chur to Soglio, one journeys through the unique mountain landscape of Grisons. Impressive railway routes and pass roads connect numerous side valleys, which clearly reveals how the area was urbanised in the period between the 19th and 20th century. What influence on and significance for the life and culture of the region did these structures have and continue to have?

AR These buildings still have enormous significance – especially in the Val Bregaglia, which the railway euphoria passed by. In the beginning of the 20th century, the wonderful Bernina railway was built, and there were initially also plans for linking the Val Bregaglia, which were later, however, not realised. Therefore, pass roads not only characterise the image of the landscape here but also directly the existence of the people. The possibility of exchange with residents of other valleys not only has an economic impact. It reveals itself in the cultural dimension in particular. One suddenly felt "interconnected". That has been the point to this day. I, for example, really like to live here but only if I'm reasonably connected.

DR Many of these infrastructural measures only became technically possible due to the application of concrete. A large number of buildings in the public and private realms in Grisons are built in concrete or exposed concrete up to the present day. Is there a relationship between the significance of the material for the modernisation of the region and the widely prevalent, exceptional openness here towards the material?

AR Emotionally, there is, by all means, also resistance against the material. One often hears that the material is too "cold" or too "hard". At the same time, however, there is also a kind of love for concrete. In the meanwhile, the material has evolved significantly, and there exists almost transparent concrete today. Additives, prestressing, as well as prefabrication have enormously extended the possible applications, making the material so diverse. Moreover, concrete is highly sculptural: it is shapeable and can be given a surface of its own. This can then, interestingly, also be read as being part of the "memory of tradition", as in the tower by Miller & Maranta in Castasegna, for example. In doing so, it's less about the material by itself but rather about how the material can be processed and used so that it conjures up memories. When we architects mention to clients that we can also imagine using concrete as a building material, we are initially often confronted by a defensive attitude.

DR When we realised a small house in the Val Müstair a few years ago, we added marble to the concrete, which made it very bright. The further process with the clients was then tremendously exciting because they suddenly began to engage with the material. As also with the story of a woman who built a house with Luigi Snozzi and suddenly could not stop touching concrete facades. It is apparently the case that even in Grisons there are often prejudices against the material. Through the educational efforts of an architect, these are often overcome.

AR The village of Soglio is characterised by a dense network of closely packed building development. Many of your works are rooted here – you succeed in further developing the special atmosphere but also the local building traditions in the present, especially also in your sensitive work on the building stock. In doing so, you often use concrete as a material. What are the reasons for this choice of material?

DR Concrete is extremely versatile. Moreover, my openness with respect to concrete also has to do with the following approach. Put simply: I build two walls, creating a space in between, which I fill up. When working with concrete, one is always afraid of what the outcome following the stripping of the formwork will be. Though we always give much thought to this beforehand, we are never fully in control. Therefore, we build many models and samples at a preliminary stage, in a scale of 1:1. When constructing in existing surroundings, our construction sites are, moreover, often not accessible by trucks or the like. So, further questions come up: How do I bring the material to the construction site? What type of material do I envisage? Is concrete possible at all, if we can't fall back on a concrete mixer? How do I reach the objective? All these deliberations condense into a story. If one finally

Passstraßen sowie die Linien der Rhätischen Bahn (im oberen Bild das Landwasserviadukt, unten der Julierpass) erschließen die einzigartige Landschaft Graubündens.

Mountain pass roads as well as the lines of the Rhaetian Railway (above the Landwasser Viaduct, below the Julier Pass) provide access to the unique landscape of Grisons.

Rechte Seite:
Das Dorf Soglio besteht aus einem engen Geflecht an Bauwerken. Häuser mit grob verputzten Außenwänden wechseln sich dabei mit Fassaden aus Naturstein ab. Die Wohnhäuser im Ort werden durch kleine Nutzbauten aus Holz und Stein ergänzt.

Opposite:
The village of Soglio consists of a dense network of buildings. Here, houses with coarsely plastered external walls alternate with natural stone facades. The residential buildings in the locality are complemented by small utility buildings made of timber and stone.

Material könnte ich mir vorstellen? Wäre Beton überhaupt möglich, wenn wir auf keinen Betonmischer zurückgreifen können? Wie komme ich zum Ziel? All diese Überlegungen verdichten sich zu einer Geschichte. Wenn man am Ende alles von Hand machen muss, spielt vor allem der Handwerker die entscheidende Rolle. Beton ist eines der interessantesten Materialien, in Bezug darauf, wie es Patina bildet. Viele wissen gar nicht, dass Beton relativ rasch Patina ansetzt. Man denkt, Beton ist Beton und da passiert nichts. Aber das Gegenteil ist der Fall. Und deswegen ist das Material so vielfältig verwendbar und mir so nahe.

DR Sie haben die Bedeutung des Handwerks erwähnt. Siegfried Giedion schreibt in seinem Artikel „Eisenbeton", dass der armierte Betonguss eine „ökonomische Experimentalanordnung in einem wissenschaftlich industrialisierten Baubetrieb"[1] sei. Die Realität lehrt uns, dass gerade der Betonbau ein ausgefeiltes Handwerk benötigt, um seine ureigenen Potenziale zu nutzen. Wie gehen Sie mit diesen ambivalenten Anschauungen um?

AR Es ist schon beides, glaube ich. Beton eignet sich ja auch ideal zur Vorfabrikation. Natürlich ist es von Bedeutung, was vorgefertigt wird und wie präzise man mit Beton arbeiten kann. Heute gibt es flüssigen und feinen Beton, den man sehr „dünn" verarbeiten kann. Interessante Punkte, aber in unseren Bauten ist das Thema eher ein anderes, nämlich das Handwerkliche. Grundsätzlich interessieren mich beide Aspekte, allerdings interpretiere ich Präzision anders: Je gröber die Oberfläche werden soll, desto mehr Präzision verlange ich. Sonst besteht die Gefahr, dass das Ganze ins Rustikale abrutscht – und dann ist der ganze Zauber natürlich dahin.

DR Ist der Beton durch die Möglichkeit der Anpassung seiner Oberflächenbeschaffenheit für Sie das ideale Material für das Weiterbauen und die Sanierung? Oder geht es Ihnen in Ihren Arbeiten vielmehr darum, einen zeitgenössischen Kontrast zu der historischen Bausubstanz zu bilden, ähnlich wie Carlo Scarpa?

AR Es kommt tatsächlich darauf an, ob es einen historischen Kontext gibt oder ob es sich um ein neues Bauwerk handelt. Beim Weiterbauen, um das es bei uns oft geht, ist es mir wichtig, dass man die neuen Teile erkennt und versteht. Weiter sollen sie mit dem, was davor war, eine Art Zwiegespräch führen. Mir ist wichtig, dass man die Geschichte nicht neu, sondern weiterschreibt. Beispielsweise hat sich bei Bruchsteinmauerwerk gezeigt, dass Stampfbeton eine ideale Ergänzung ist. Und zugleich dafür steht, dass etwas Neues dazugekommen ist. Bei Stampfbeton könnte man sogar annehmen, dass er vor dem Mauerwerk schon da war. Stampfbeton ist ja keine neue, sondern eine uralte Technik. Rein gedanklich könnte man sich sogar fragen, war der Stampfbeton oder der Bruchstein zuerst da? Das hat eine gewisse Ambivalenz. Bei Neubauten sind dann andere Themen interessant – da kommen etwa Form, Farbe oder die Wirkung in der Landschaft dazu.

DR Sie haben gerade schon von formgebenden Parametern beim Neubau gesprochen. Welche Bedeutung hatten diese beim Atelierhaus Miriam Cahn? Was hat Sie dazu bewegt, die Fassade in dieser besonderen Form mit den leichten Brüchen in der Oberfläche zu projektieren? Wie sah die Umsetzung dort im Detail aus?

AR Zunächst einmal war die Lage des Gebäudes in einem Gewerbegebiet relevant. Diese bewusste Entscheidung für den Bauplatz war für Miriam Cahn wichtig. Nicht aus ökonomischen Gründen, sondern viel mehr aus der Haltung heraus: „Ich will arbeiten" – es ging ja um ein Atelier, einen Ort zum Arbeiten. Das war der Ausgangspunkt. Und dann: Wo genau befindet sich der Bauplatz? Er liegt am Dorfeingang. Auf der einen Straßenseite befindet sich seit Jahren ein Gemeindemagazin, ein ganz einfacher Bau. Und auf der anderen Seite, unserem Bauplatz, stand nichts. Das war ein Glücksfall, weil ich sozusagen ein Stadttor bauen durfte.

DR ... an einem nicht ganz unbedeutenden Ort. Es handelt sich hier ja um Stampa, das Dorf, aus dem die Giacomettis stammen.

AR Ja genau, wobei das mit den Giacomettis reiner Zufall ist. Der Körper steht selbstbewusst da, vis-à-vis zum Magazin. Beide Bauwerke bilden nun gemeinsam den Eingang ins Dorf. Zu Beginn gab es zusätzlich auch viele Überlegungen zu

has to do everything manually, the craftsman especially plays a decisive role. Concrete is one of the most interesting materials with respect to how it forms a patina. Many people don't know that concrete puts on a patina relatively quickly. One assumes that concrete is concrete, and that nothing will happen to it, but the opposite is the case. That is why the material is so versatile and so close to me.

AR You mentioned the importance of crafts. Sigfried Giedion writes in his article "Eisenbeton" ["Ferroconcrete"], that reinforced concrete casting is an "experimental economic arrangement in scientifically, industrialised building operations"[1]. Reality teaches us that concrete construction in particular requires sophisticated craftsmanship in order to utilise its innate potentials. How do you deal with these ambivalent views?

DR It is certainly both, I believe. Concrete is of course also ideal for prefabrication. What is prefabricated and how precisely one can work with concrete obviously matters. Today, liquid and fine concrete is available, which can be used to create very slim elements. Interesting points, but in our buildings the issue is rather a different one, that of craftsmanship. Fundamentally, I am interested in both aspects, though I interpret precision differently: the rougher a surface is to become, the more precision I demand. Otherwise there is the risk that it all ends up looking a little rustic – and then the magic is of course lost.

AR Is concrete, due to the potential adaptability of its surface quality, for you the ideal material for construction continuation and renovation? Or are your works rather about creating a contemporary contrast to the historical building stock, as in the case of Carlo Scarpa?

It really depends on whether there is a historical context or whether it's about a new building. In the case of construction continuation, which we often engage in, I find it important that the new parts can be recognised and understood. Moreover, they should engage in a dialogue with what was there before. What is important for me is that the history is not rewritten but rather continues to be written. For example, when using rubble masonry, it turns out that compressed concrete is an ideal supplement, while also standing for the fact that something new has been added. In the case of compressed concrete, one can even assume that it existed before masonry work. Compressed concrete is, of course, not a new but an ancient technology. Theoretically, one can even ask oneself whether it was compressed concrete or rubble stone that came first? This has a certain ambivalence. For new buildings, other issues are of interest – form, colour, or the impact in the landscape are additional factors here.

DR You already mentioned formative parameters for new buildings. What was their significance in the studio house for Miriam Cahn? What impelled you to plan the facade in this special way with the gentle breaks in the surface? How did the implementation there look like in detail?

AR For a start, the situation of the building in a commercial area was relevant. This deliberate decision regarding the building ground was important for Miriam Cahn. Not due to economic reasons but rather a stance: "I want to work." – because the project was about a studio, a place to work. This was the starting point. And then: Where exactly is the building ground located? It lies at the village entrance. On one side of the road, there is the plain building of a communal warehouse, which has existed for years; and on the other side, on our building ground, there was nothing. That was a stroke of luck, since I was allowed to build a city gate, so to speak.

DR ... at a place which is not unimportant: Stampa, the village where the Giacometti family comes from.

AR Yes, exactly, though regarding the Giacomettis, it's pure coincidence. The building self-confidently stands there, opposite the warehouse. Both buildings now jointly form the entrance to the village. At the outset, we also considered metal facades. During the course of the work, however, it turned out that we wanted to develop a solid construction after all, which lightly hovers across the foundations. To emphasise this effect, the foundations are made of black concrete. The studio was to represent an overlap

**Rechte Seite:
Der Umbau eines ehemaligen Stallgebäudes in Soglio: Die neu erstellten Wände aus Stampfbeton treten in einen spannenden Dialog mit dem historischen Bestand aus Naturstein und Holz.**

Opposite:
The conversion of a former stable in Soglio: The newly built walls of compressed concrete enter into a suspenseful dialogue with the historical building stock made of natural stone and timber.

Das Atelierhaus von Miriam Cahn in Stampa: Das Gebäude steht auf einem dunklen Sockel und scheint über ihm hinwegzuschweben. Feine Details zeigen, dass es sich um mehr als ein Lager handelt.

The studio house of Miriam Cahn in Stampa: the building stands on a dark plinth and seems to float away over it. Fine details make clear that it is more than a simple warehouse.

Blechfassaden. Im Laufe der Arbeit hat sich dann aber herausgestellt, dass wir doch einen Massivbau entwickeln wollen, der nahezu leicht über die Fundamente hinüberschwebt. Um diese Wirkung zu unterstützen, sind sie aus schwarzem Beton. Das Atelier sollte eine Schnittmenge darstellen zwischen einem Capannone – so sagt man auf Italienisch für Lagerhalle oder Magazin – und „etwas mehr". Im ersten Moment erzeugt das Gebäude einen schlichten Eindruck. Vorgefertigte Fensterrahmen oder Umrandungen aus ganz feinem Beton veredeln jedoch die einfache Betonfassade – eine Auszeichnung, ähnlich wie bei einem Hemd durch den Kragen. Zusätzlich sind die fassadenbündigen Stahlfenster von Hand bemalt. Damit hat man auf den zweiten Blick das Gefühl, dass sich dort doch etwas mehr als eine gewöhnliche Halle verbergen könnte. Weiter interessierte uns die Farbe des Betons. Wir wollten einen hellen, kühlen, einen selbstbewussten Beton. Deshalb fiel die Wahl auf Weißzement bzw. „normalen" Beton, aber mit Weißzement angemischt. Die Struktur der Fassade hat sich dann mehr oder weniger von selbst durch die Höhe des Bauwerks ergeben. Wir hatten es erst mit den großformatigen Tafeln versucht, die heute üblich sind. Ich wollte aber keinen glatten, keinen „Tadao-Ando-Beton" mit höchster Präzision, sondern auch die handwerkliche Facette zum Ausdruck bringen. Es stellte sich die Frage, wie man dies zeigen könnte. Der Prozess war ein bisschen kompliziert.

DR Wie kamen Sie dann schließlich auf die passende Technik?

AR Die breiten Tafeln haben zuerst geschüsselt, aber dann bemerkten wir, dass es hilft, wenn die Bretter frisch gesägt eingebaut werden und keine Zeit haben, zu schüsseln oder sich zu verdrehen. Dann gab es aber auch keine Zeit für das Schwinden der Bretter. Um den Rhythmus der Oberflächentextur auszuzeichnen, mussten wir zwischen den Brettern die Möglichkeit schaffen, die Zementmilch ein bisschen ausfließen zu lassen. Insgesamt waren zahlreiche Experimente notwendig. Hilfreich ist, wenn man zwar nicht immer genau mit denselben Leuten zusammenarbeitet, aber doch oft mit Handwerken zu tun hat, mit denen es schon mal eine Kooperation gab. Bei diesem Projekt hatten wir vor allem einen von uns sehr geschätzten Vorarbeiter an der Seite, der uns beispielsweise dabei half, ohne stehende Arbeitsfuge auszukommen, indem er in der Ecke im 45°-Winkel, also auf Gehrung, betoniert hat. Das war allein sein Verdienst.

DR Sie haben erwähnt, dass es Ihnen wichtig war, dass der Beton bei diesem Projekt keine allzu präzise Oberfläche bekommt – im Gegensatz zu den Bauten von Tadao Ando. Dieser Ansatz der Imperfektion im Perfekten ist ja trotzdem auch eine sehr japanische Denkweise, die dort insbesondere vom Kunsthandwerk inspiriert wurde. Ist die japanische Kultur etwas, mit dem Sie sich beschäftigen, das Sie inspiriert?

AR Das beschäftigt mich auf jeden Fall. Es gibt zum Beispiel das Buch vom „Lob des Schattens"[2]. Das Licht ist nur interessant, wenn es auch Dunkelheit gibt – dieses Wechselspiel zwischen Hell und Dunkel, Trocken und Feucht ...
Deswegen mag ich es auch, wenn Beton ein wenig Wasser aufnimmt und man ihm ansieht, dass es geregnet hat. Nach einigen Jahren ist es dann auch sichtbar, dass sich die Schattenseite anders verhält als die Sonnenseite, oder die Regenseite anders reagiert. Natürlich ist dies auch bei anderen Materialien der Fall. Beton aber hat schon seine ganz spezielle Art, wo beispielsweise etwas Moos ansetzt oder Ähnliches. Wenn man dies beim Entwurf bedenkt, stellt sich vielleicht auch die Frage, wo man – das war zum Beispiel beim Atelier von Miriam Cahn auch ein Thema – auf Bleche verzichten kann. Dort kommen dann vielleicht die neuen Flüssigkunststoffe zum Einsatz, die einerseits fragwürdig, andererseits aber auch einfach super sind! Dann denkt man weiter: das Dach aus Kies, der gleiche Kies, der im Beton ist. So entsteht dann die berühmte fünfte Fassade, und das macht es so interessant.
Mich beschäftigen also beide Aspekte: die handwerkliche Seite mit der Verbindung zur Vergangenheit und der Erinnerung, aber auch neue Lösungsmöglichkeiten, innovative Entwicklungen. Es ist ein Zusammenspiel dieser beiden völlig verschiedenen Aspekte.

DR Bei dem Umbau eines ursprünglichen Stallgebäudes am Rand von Soglio haben Sie sich für die Anwendung von Stampfbeton entschieden,

between a capannone – as a warehouse or depot is called in Italian – and "something more". At first glance, the building creates an impression of simplicity. Prefabricated window frames or borders made of very fine concrete, however, refine the simple concrete facade – a distinction similar to what a collar is to a shirt. Additionally, the steel windows, flush with the facade, are hand-painted. At second glance, therefore, it becomes clear that something more than an ordinary hall can be found there. Moreover, we were interested in the colour of the concrete. We wanted a bright, cool, and self-confident concrete. That's why the choice fell on white cement or "normal" concrete, but blended with white cement. The structure of the facade then more or less naturally arose from the height of the building. We had first tried out the large-size panels, that are common today. However, I didn't want a smooth highly precise "Tadao Ando concrete", but also wanted to express the craftsmanship-based facet. The question was how one could show this. The process was slightly complicated.

DR How did you finally arrive at the suitable technology?

AR The broad panels initially dished but then we noticed that it helped if the boardswere were installed in a freshly sawn condition and had no time to dish or warp. Then there was, however, also no time for the shrinkage of the boards.
In order to highlight the rhythm of the surface texture, we had to create the possibility to allow the grout wash to flow out a little in between the boards. On the whole, numerous experiments were indeed required. It isn't necessary to always work with exactly the same people, but can be helpful to cultivate a working relationship with certain skilled and experienced craftsmen. In this project, we had a lead worker at our side, held in high regard by us, who, for example, helped us to dispense with standing construction joints by pouring concrete at a 45° angle – i.e. in a mitred manner – in the corner. We have only him to thank for that.

DR You mentioned that it was important for you that the concrete in this project didn't acquire an all too precise surface – in contrast to the buildings of Tadao Ando. This approach of imperfection within perfection is, of course, nevertheless also a very Japanese way of thinking, which was inspired especially by craftsmanship there. Is Japanese culture something you engage with, and that inspires you?

AR It is definitely something I am interested in. There is, for example, the book "In Praise of Shadows"[2]. Light is only interesting if there also is darkness – this interplay between light and dark, dry and wet...
This is why I also like it when concrete absorbs a little water and it shows that it has rained. After a few years, it also becomes visible that the shadow side behaves differently than the sunny side, or that the rainy side reacts differently. This is, of course, also the case with other materials. Concrete, however, has its own special character, where, for example, some moss grows or something similar. If this is taken into consideration during designing, it may also raise the question as to where one can dispense with sheet metal, which was also a topic in the studio of Miriam Cahn, for example. Maybe the new fluid plastics are applied here, which are questionable, on the one hand, but on the other, also just great! One idea leads to another: the roof is made of gravel, the same gravel that is in the concrete. This is how the famous fifth facade is created, and that is what makes it so interesting.
I am thus concerned with both aspects: the craftsmanship-based side with the link to the past and memory, but also new solution possibilities, innovative developments. It is an interplay of these two entirely different aspects.

DR For the conversion of an original stable on the outskirts of Soglio, you decided to use compressed concrete, a method of concrete processing hardly used today. Were there, apart from the historical reference, further project-specific deliberations, that led to the application of this method in the project?

AR The decision to build the stable in compressed concrete had several reasons. It is, of course, difficult to make a house out of a stable, I felt a bit uneasy while doing so. In this case, the stable on the outskirts of the village was,

eine heute nur noch wenig verbreitete Methode der Betonverarbeitung. Gab es – abgesehen vom historischen Bezug – noch weitere projektspezifische Überlegungen, die zur Anwendung dieser Methode im Projekt geführt haben?

AR Die Entscheidung, den Stall in Stampfbeton auszuführen, hatte mehrere Gründe. Natürlich ist es schwierig, aus einem Stall ein Haus zu machen, mir war auch ein wenig mulmig dabei. In diesem Fall war der Stall am Dorfrand aber eine prägende Figur. Genau an dieser Ecke beginnt der Berg, beginnen die Wiesen und Weiden. Man hat den Bau Jahrzehnte lang als Stadteingang erlebt. Der Stall selbst war in einer guten Verfassung, baulich und strukturell, das Dach relativ neu gemacht – bei einem Steinplattendach sind 50 Jahre noch „neu". Deshalb haben wir uns entschlossen, den Umbau zu wagen, mit dem Hintergedanken, dass der Bauer auch weiterhin dort werkeln würde. Mit den Bauherrn hatten wir vereinbart, eine „gebaute Archäologie" zu realisieren. Also neben dem Bruchsteinmauerwerk Schichtungen aufzuzeigen, die wir aber selbst bauen – und zwar mit Beton. Nachdem wir wegen des bestehenden Dachs keinen Kran benutzen konnten, stellte sich die Frage, wie bekommt man das Baumaterial in die Schalung. Es zeigte sich, dass Stampfbeton eine Möglichkeit für unsere Ideen sein könnte. Natürlich haben wir dann zunächst Muster anfertigen lassen, ganze Wände. Vor den Spülkasten der WCs gab es nur etwa 40 mm dünne Betonschichten. Ich hatte große Angst, dass sich plötzlich der Spülkasten als Schatten an der Oberfläche abbilden würde. Wir wollten eine hohe Präzision erreichen, und da wir nicht mit dem Betonmischer hinkamen, bereiteten wir jeden Morgen den Beton für das Tagwerk vor.

DR Also für exakt eine Schicht der Wand?

AR Ja, im untersten Geschoss für genau eine Schicht; bei den kleineren Mauern im oberen Teil hingegen konnten dann auch zwei bis drei Schichten an einem Tag betoniert werden. Nach ein bis zwei Stunden kam schon die nächste Lage. Das zeichnet sich dann im Wandbild ab. Die Zuschlagstoffe waren ganz herkömmlich. Allerdings hatten wir nicht wie bei Normalbeton üblich Korngrößen bis 32 mm, sondern nur bis 16 mm verwendet, weil uns die Präzision im Material und scharfkantige Ecken wichtig waren. Natürlich haben wir auch hier viele Tests gemacht. Trotzdem überrascht es mich bis heute noch immer, wie gut es funktioniert hat. Selbstverständlich musste man sich hier und dort ein paar Herausforderungen stellen, weil es ja keine Bewehrung gab. An einigen Stellen mussten wir etwas einlegen, um zum Beispiel die Unterputzteile der sanitären Anlagen einzubauen. Auch die Wandheizung wurde mit allen Beteiligten lange ausgetüftelt. Die Röhren sind vertikal verlegt, denn sonst hätte man mit dem Holzpflock nicht stampfen können. Es gab ein paar zu erwartende kleine Risse, weil wir in Absprache mit dem Statiker aus verschiedenen Gründen beschlossen hatten, hier nichts zu armieren. Natürlich ist es wichtig, solche Dinge im Vornherein zu besprechen. Allem voran braucht man für derartige Projekte einen aufgeschlossenen Bauherrn, das ist auf jeden Fall so.

DR Vielen Dank für das Gespräch, Herr Ruinelli.

Das Gespräch führte Daniel Reisch am 24. März 2019 im Büro von Armando Ruinelli in Soglio.

1 Siegfried Giedion: Eisenbeton, in: ders.: Bauen in Frankreich. Bauen in Eisen. Bauen in Eisenbeton. Leipzig/Berlin 1928, S. 66f.
2 Jun'ichirō Tanizaki: Lob des Schattens. München 2010

however, a characteristic presence. It is precisely at this point that the mountain starts, as well as the meadows and pastures. For decades, the building was experienced as an entrance to the city. The stable itself was in a good condition, both architecturally and structurally, while the roof was relatively new – for a stone slab roof, 50 years is still considered "new". Therefore, we decided to attempt the conversion, also with the idea that the farmer would continue to potter about there. We had agreed with the client to realise a "built archaeology", i.e. show layers, alongside the rubble masonry, which we, however, built ourselves – namely in concrete. After we couldn't use a crane due to the existing roof, the question came up as to how the building material could be filled into the formwork. It turned out that compressed concrete was a possible option for our ideas. We then, of course, had samples made at first, entire walls. In front of the toilet tanks of the WCs, there were only about 40 mm thin concrete layers. I was afraid that the toilet tank would suddenly be visible as a shadow on the surface. We wanted to achieve high precision, and since we couldn't access the site with a concrete mixer, we prepared the concrete for the daily work every morning.

DR Meaning for exactly one layer of the wall?

AR Yes, in the lowest floor for exactly one layer; in the smaller walls in the upper part, by contrast, two or three layers could be poured in concrete in one day. After one to two hours, the next layer was already applied. This is subsequently visible in the wall's appearance. The aggregate was very conventional. However, we didn't use grain sizes of up to 32 mm, as is common for standard concrete, but only up to 16 mm, since the precision in the material and sharp-edged corners were important to us. Naturally, we conducted many tests here, too. Nevertheless, I am still surprised, how well it worked. Obviously, one had to meet a few challenges here and there, since there was, of course, no reinforcement. In some spots, something had to be inserted to, for example, install the built-in parts of the sanitary facilities. The wall heating, too, was extensively worked out with all participants. The pipes have been laid vertically, since otherwise it wouldn't have been possible to compress using a wooden stake. There were a few small cracks to be expected, since we had decided for various reasons, and in agreement with the structural engineer, not to reinforce anything here. It is, of course, important to discuss such things in advance. Above all, one needs an open-minded client for these kinds of projects, that is definitely the case.

DR Many thanks for taking the time to speak to us, Mr. Ruinelli.

This interview was conducted by Daniel Reisch on 24th March 2019 in the office of Armando Ruinelli in Soglio.

1 Sigfried Giedion: Eisenbeton, in: id.: Bauen in Frankreich. Bauen in Eisen. Bauen in Eisenbeton. Leipzig, Berlin 1928, p. 66f.

2 Jun'ichirō Tanizaki: In Praise of Shadows. Sedgwick (Maine) 2010

Projekte

Projects

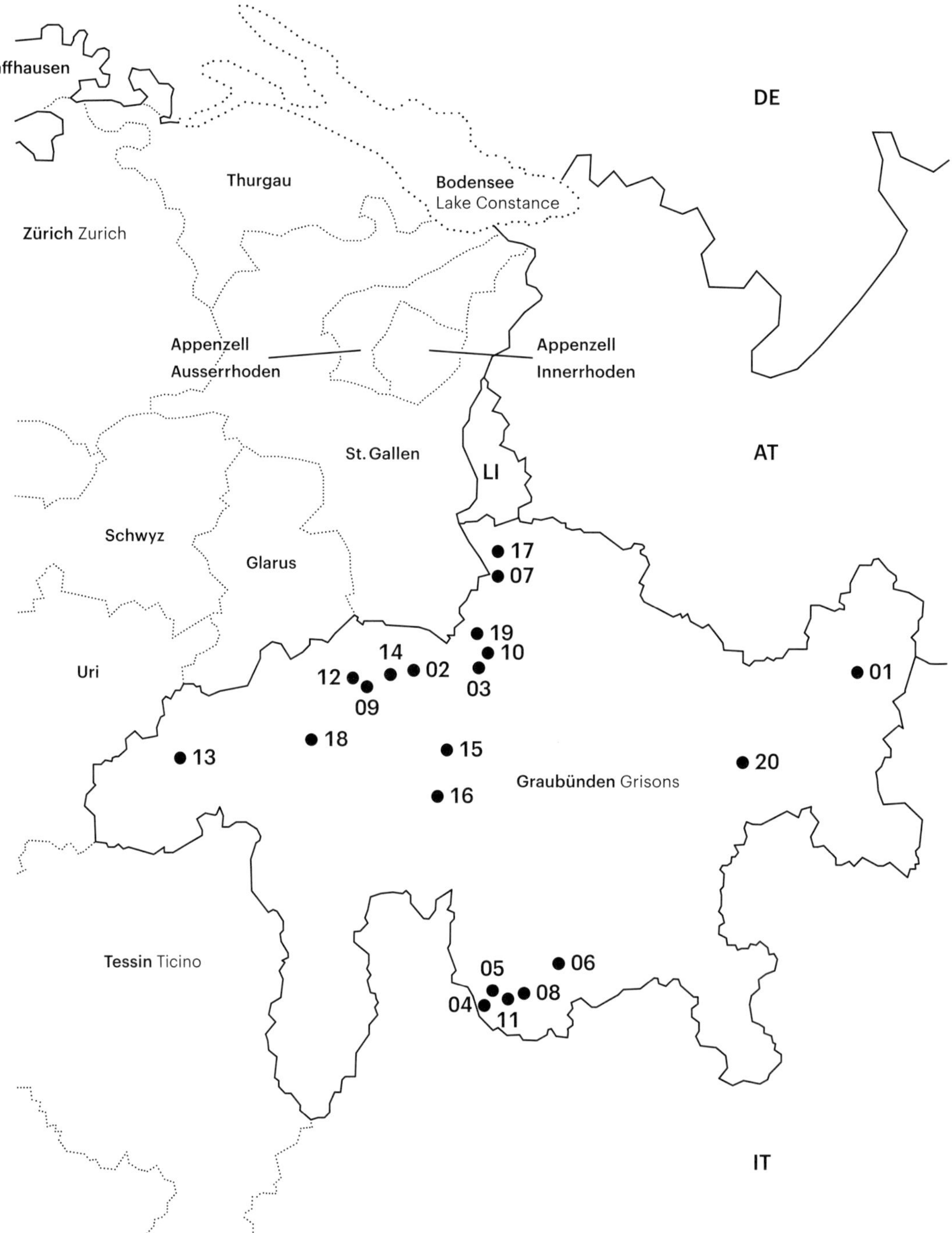
Schaffhausen
DE
Thurgau
Bodensee
Lake Constance
Zürich Zurich
Appenzell
Ausserrhoden
Appenzell
Innerrhoden
St. Gallen
LI
AT
Schwyz
Glarus
Uri
17
07
19
14
10
12
02
03
09
01
18
15
13
20
Graubünden Grisons
16
Tessin Ticino
05
06
08
04
11
IT

Engadiner Haus neu interpretiert

A New Interpretation of an Engadine House

Das Dorf Vnà liegt inmitten einer malerischen Landschaft im Unterengadin. Früher wurden die Bergdörfer dieser Gegend immer wieder von Bränden heimgesucht. Deshalb ummantelte man viele der ursprünglich reinen Holzhäuser nach und nach mit Schichten aus verputztem Mauerwerk. Der dadurch entstandene Typus des Engadiner Hauses prägt mit seinen massiv erscheinenden Außenwänden und den schräg zulaufenden Fensterlaibungen nach wie vor das Erscheinungsbild der Region. In Vnà selbst sind – trotz des intakten Ortskerns – nur noch wenige Menschen heimisch; das Dorf leidet unter den Auswirkungen der Abwanderung. Das sanfte Tourismuskonzept „Ein Dorf wird zum Hotel" soll den Ort nun beleben. Wie dieser Ansatz in Architektur umgesetzt werden kann, zeigt das Ferienhaus einer Züricher Galeristin. Mit seinem Volumen greift es städtebaulich die Maßstäblichkeit der Umgebung auf und schließt selbstbewusst eine klaffende Lücke im Dorfkern. Der skulptural ausformulierte Baukörper zitiert Elemente des Engadiner Hauses und verbindet diese geschickt mit einer zeitgenössischen Architektursprache. Die Außenwände aus monolithischem Dämmbeton ermöglichen Fenster, die wie im historischen Vorbild in ihrer Lage springen und außen- oder innenbündig an den tiefen Laibungen angeschlagen sind, ohne dabei Wärmebrücken zu erzeugen. Der Zugang zu den Räumen im Obergeschoss erfolgt wie bei den historischen Höfen im Engadin üblich über einen „Suler", einen großzügigen Mehrzweckraum im Erdgeschoss.

The village of Vnà lies in the midst of a scenic landscape in Lower Engadine. In the past, the mountain villages of this region were time and again afflicted by fires. Therefore, many of the originally purely timber-constructed houses were gradually encased with layers of plastered masonry. The thus created Engadine house type with its solid-looking external walls and the inclined window reveals continues to characterise the appearance of the region. In spite of an intact town centre, only few inhabitants remain in Vnà itself; the village has been adversely affected by the impact of emigration. The sustainable tourism concept of "A village turns into a hotel" is to revive the place now. How this approach can be implemented in terms of architecture is demonstrated by the holiday home of a Zurich-based gallery owner. Its built volume takes up the scale of its surroundings in urban developmental terms, and self-confidently closes a yawning gap in the village centre. The sculpturally designed structure quotes elements from the Engadine house, and skilfully combines these with a contemporary architectural language. The external walls made of monolithic insulating concrete permit windows that – as in the historical model – have differently positioned rabbets and stop at the deep reveals, flush with either the inner or outer sides, without creating thermal bridges. Access to the spaces on the upper floor is provided by a "Suler", a spacious multipurpose room on the ground floor, as is common in the historical farmhouses in the Engadine.

Architekten: Andreas Fuhrimann Gabrielle Hächler Architekten, Zürich
Bauherr: Eva Presenhuber, Zürich
Tragwerksplanung: Jon Andrea Könz, Zernez
Fertigstellung: 2007
Funktion: Ferienhaus

Architects: Andreas Fuhrimann Gabrielle Hächler Architekten, Zurich
Client: Eva Presenhuber, Zurich
Structural engineering: Jon Andrea Könz, Zernez
Completion: 2007
Function: Holiday home

Schnitt/Grundrisse
Maßstab 1: 250
1 Eingang
2 Mehrzweckraum
3 Haustechnik
4 Keller
5 Sauna
6 Bad
7 Schlafzimmer
8 WC
9 Wohnraum
10 Küche

Section/Floor plans
Scale 1:250
1 Entrance
2 Multipurpose space
3 Services
4 Cellar
5 Sauna
6 Bathroom
7 Bedroom
8 WC
9 Living room
10 Kitchen

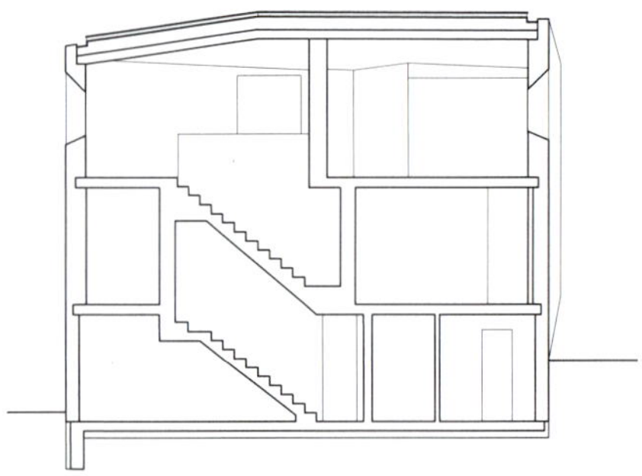

aa

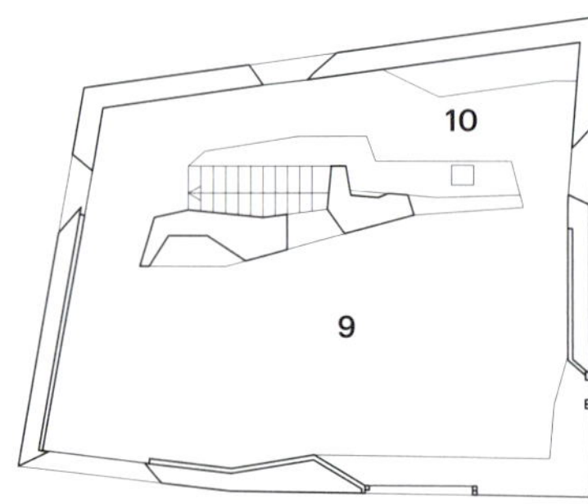

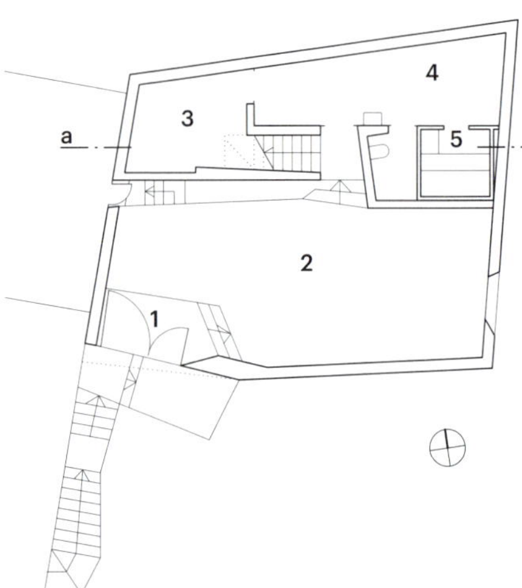

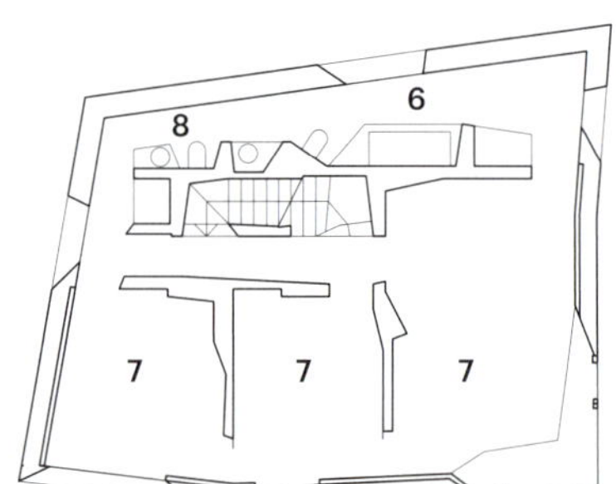

WNBA Fan Code of Conduct
committed to creating a safe, comfortable, and
WNBA fans have a right to
Guests will enjoy the basketball experience
of indecent messages on signs or clothing.
regarding arena operations
to report any inappropriate behav
Guests who choose
without refund, and revocation
in possible arrest and
thank you for adhering to

Haus in Hanglage

House on a Slope

Das lang gezogene Wohnhaus einer dreiköpfigen Familie befindet sich an der Nahtstelle zwischen dem Ortsrand von Tamins sowie einem freien Feld. Der Baukörper richtet sich auf dem Grundstück an einer natürlich gegebenen Hangkante aus und bildet auf der Nordseite im Zusammenspiel mit einem benachbarten Bauernhaus eine neue Hofsituation. Durch die Kombination der schmalen Grundfläche mit einem Satteldach, auf dessen Südseite Sonnenkollektoren zur Energiegewinnung befestigt sind, fügt sich das scheunenartige Gebäude beinahe nahtlos in die Typologie der örtlichen Nutzbauten für Landwirtschaft und Gewerbe ein. Die äußere Einfachheit spiegelt sich auch in der Organisation der Innenräume wider. Auf beiden Ebenen steht ein großer Hauptraum im Zentrum. Beide Längsseiten des oberen Wohnraums sind geschosshoch verglast und gewähren in Richtung Süden einen Fernblick ins Rheintal. Großflächige, an Scheunentore erinnernde Holzschiebeläden sorgen hier für den außen liegenden Sonnenschutz. Dieser lässt sich individuell regulieren und bietet auch Sichtschutz. Die Schmalseiten flankieren kojenartige Räume mit dienender Funktion. Diese Bereiche sowie das untere Sockelgeschoss sind aus Sichtbeton. Die Verwendung des Materials Beton ist dem Einschieben des Baukörpers in den Hang geschuldet, kann aber durch die noch sichtbare Textur der verwendeten Schalungsbretter auch als subtile Anspielung auf den hölzernen Scheunentypus verstanden werden.

The oblong dwelling for a family of three is located where the outskirts of Tamins segue into an empty field. The building on the plot is oriented towards a natural slope edge, forming a new courtyard situation on the northern side in combination with a neighbouring farmhouse. By combining the narrow building area with a saddle roof, on whose southern side solar collectors for energy production are mounted, the barn-like building almost seamlessly integrates with the typology of the local utility buildings for agriculture and industry. The simple exterior is also reflected in the organisation of the interior spaces. On both levels, a large main space forms the centre. Both longitudinal sides of the upper dwelling space have room-high glazing and permit distant views of the Rhine valley to the south. Extensive wooden sliding shutters reminiscent of barn doors provide external sun protection that can be individually regulated and also offer visual protection. The narrow sides are flanked by bunk-like spaces with a servicing function. These areas as well as the lower base level are made of exposed concrete. The use of concrete as a material is due to the insertion of the building into the slope, though the visible texture of the shuttering boards can also be understood as a subtle allusion to the wooden barn type.

**Architekten: Bearth & Deplazes Architekten, Chur/Zürich
Valentin Bearth, Andrea Deplazes, Daniel Ladner
Bauherr: Georgina Schneller und Sascha Bader, Tamins
Tragwerksplanung: Ferrari Gartmann, Chur
Fertigstellung: 2016
Funktion: Einfamilienhaus**

Architects: Bearth & Deplazes Architekten, Chur/Zurich
Valentin Bearth, Andrea Deplazes, Daniel Ladner
Client: Georgina Schneller and Sascha Bader, Tamins
Structural engineering: Ferrari Gartmann, Chur
Completion: 2016
Function: Single-family house

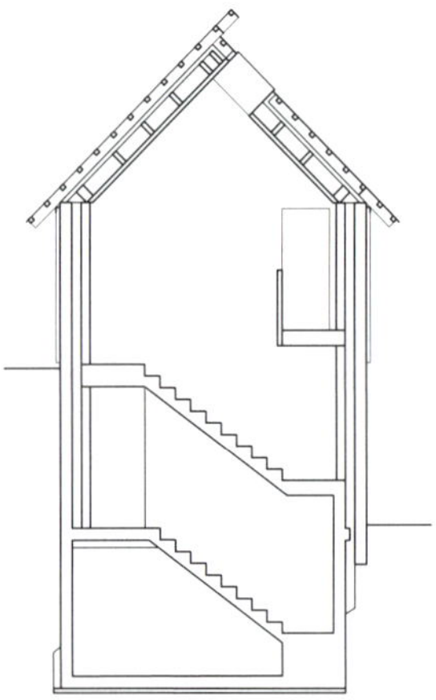

aa

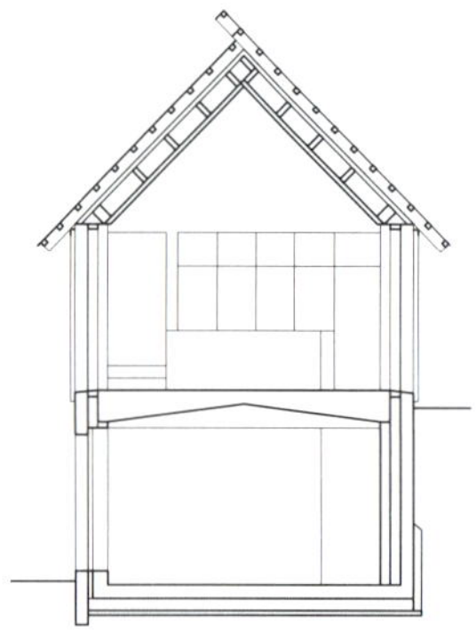

bb

Grundrisse / Schnitte
Maßstab 1:200
1 Bad
2 Wohn- / Essbereich
3 Schlafzimmer
4 Atelier / Werkstatt

Floor plans / Sections
Scale 1:200
1 Bathroom
2 Living / dining space
3 Bedroom
4 Studio / Workshop

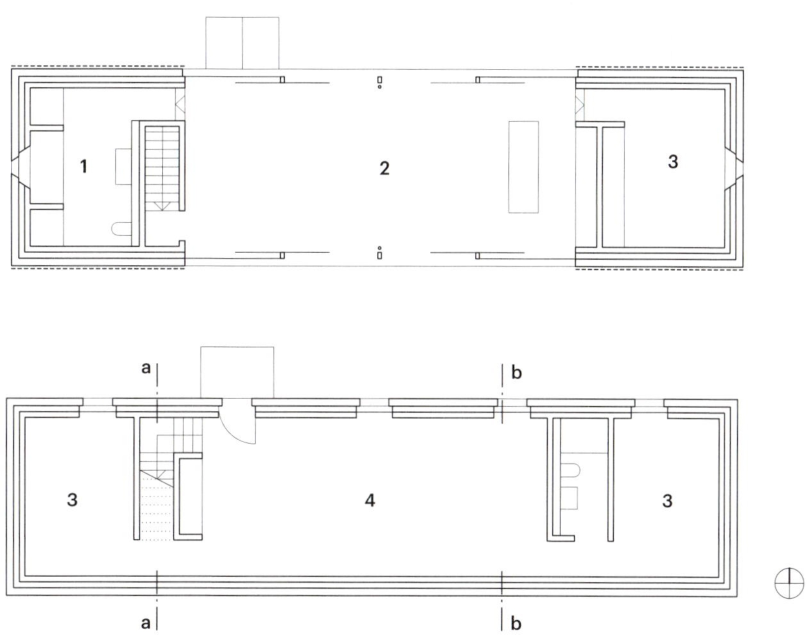

Museumskubus im städtischen Kontext

Museum Cube in an Urban Context

Seit dem Jahr 2016 ergänzt ein kubischer Baukörper im Herzen von Chur die Villa Planta, den Stammsitz des Bündner Kunstmuseums. Dem Altbau wurde mit der Erweiterung des Museums ein in seinen Ausmaßen minimierter und einfühlsam platzierter Neubau zur Seite gestellt. Dieser greift die Symmetrieachsen, die Ordnung sowie die Proportionen der im palladianischen Stil errichteten Villa in reduzierter Form auf und interpretiert diese neu und spannungsvoll. Der Kubus beinhaltet ein zentrales Foyer, über das man das Museum nun betritt. Weiter umfasst er Atelier- und Laborräume sowie zwei Kerne, die die zentralen Räume flankieren, die Lasten der Decken ableiten und die vertikale Erschließung beinhalten. Von außen nicht sichtbar, liegt der Großteil der neu geschaffenen Ausstellungsflächen unterirdisch. Hier befindet sich auch der Zugang zum Bestandsgebäude. Das Fassadenbild wird von den profilierten Betonkassetten bestimmt. Sie verleihen der reliefartigen Außenhaut eine ruhige, durch Licht- und Schattenspiele sich immer wieder leicht ändernde Wirkung, die gut mit den profilierten Wänden des Altbaus harmoniert. Für den Betrachter nicht erkennbar setzt sich die Fassade aus diversen vorfabrizierten Stahlbetonelementen zusammen. Hierfür wurden maximal acht mal acht Elemente auf einer Trägerplatte befestigt. Die einzelnen quadratischen Elemente besitzen dabei eine Kantenlänge von 50,5 cm. Sie sind wegen ihrer Kleinteiligkeit und den schmalen Ansichtskanten mit Glasfasern bewehrt. Das Bauwerk ruht auf einem glatt geschalten Betonsockel, der durch seine „perfekte" Oberfläche einen spannenden Kontrast zum kassettierten Rest der Fassade bildet.

Since 2016, a cubical building supplements the Villa Planta, the main building of the Grisons Museum of Fine Arts in the centre of Chur. The old building was complemented by a museum extension, whose new building has minimal dimensions and has been sensitively placed. It takes up the symmetry axes, the ordering, and the proportions of the villa, built in the Palladian style, in a reduced form, and reinterprets them excitingly. The cube contains a central foyer, through which the museum is now accessed. It also houses studio and laboratory spaces as well as two cores, flanking the central spaces, which also transfer the loads from the ceilings and contain the vertical circulation. Not visible from the outside, the greater part of the newly created exhibition spaces lies underground. Access to the existing building is also located here. The view of the facade is determined by the profiled concrete coffers. They lend the relief-like external skin a calm but subtly changing appearance due to a constant play of light and shadow, which harmonises well with the profiled walls of the old building. What is not visible to the viewer is the structure of the facade, which consists of various prefabricated reinforced concrete elements. For this purpose, a maximum of 8 x 8 elements were mounted on a carrier plate. The individual square elements have an edge length of 50.5 cm. Due to their small scale and the narrow visible edges, they are reinforced with glass fibre. The building rests on a smooth-formwork concrete plinth, whose "perfect" surface forms a suspenseful contrast to the coffered rest of the facade.

Architektin: Barozzi Veiga, Barcelona
Bauherren: Hochbauamt Graubünden
Tragwerksplanung: Ingenieurbüro Flütsch, Chur
Fertigstellung: 2016
Funktion: Museumsgebäude

Architect: Barozzi Veiga, Barcelona
Clients: Hochbauamt Graubünden
Structural engineering: Ingenieurbüro Flütsch, Chur
Completion: 2016
Function: Museum building

Schnitt / Grundrisse
Maßstab 1:400

Section / Floor plans
Scale 1:400

1 Eingang
2 Foyer
3 Museumsshop
4 Garderobe
5 Anlieferung
6 Labor / Projektraum
7 Lager
8 Atelier / Kunstvermittlung

1 Entrance
2 Foyer
3 Museum shop
4 Cloakroom
5 Deliveries
6 Laboratory / Project room
7 Storage
8 Studio / Art education

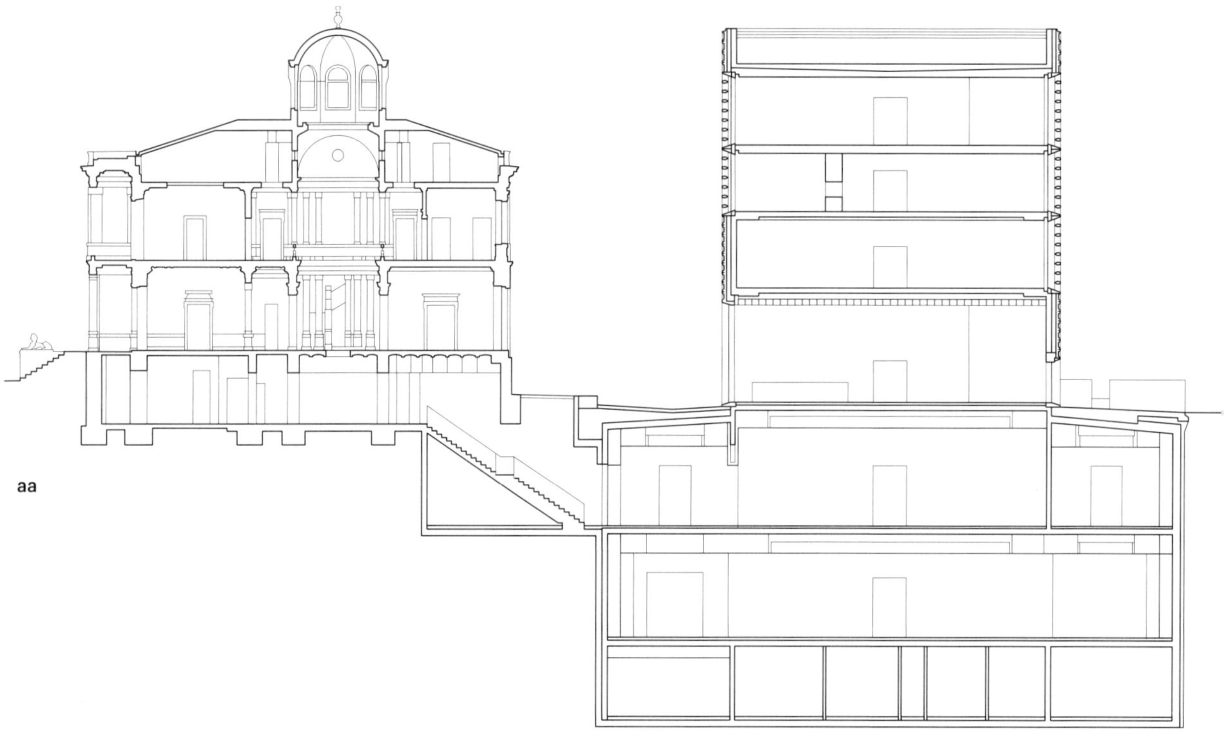

aa

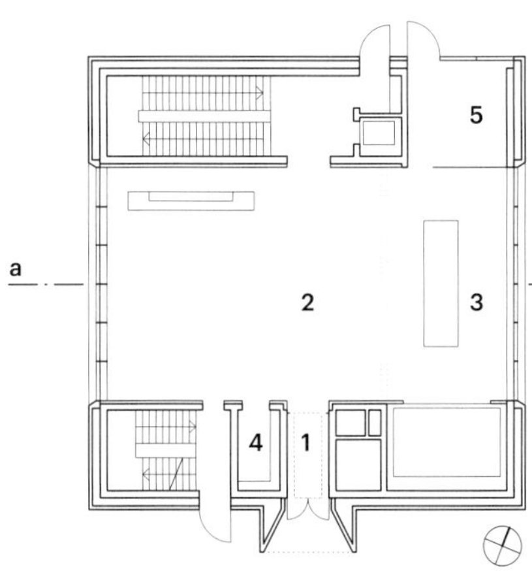

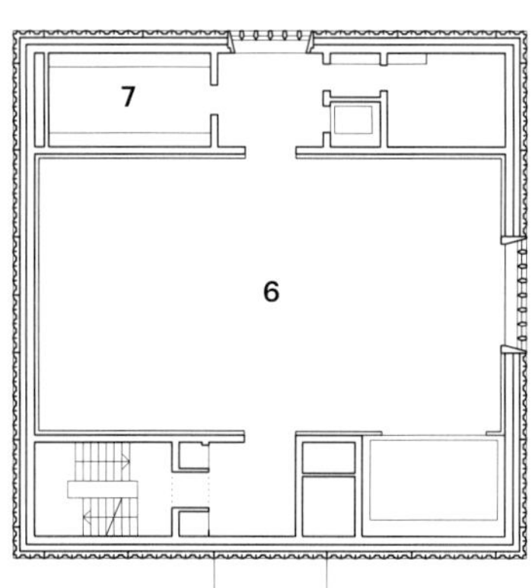

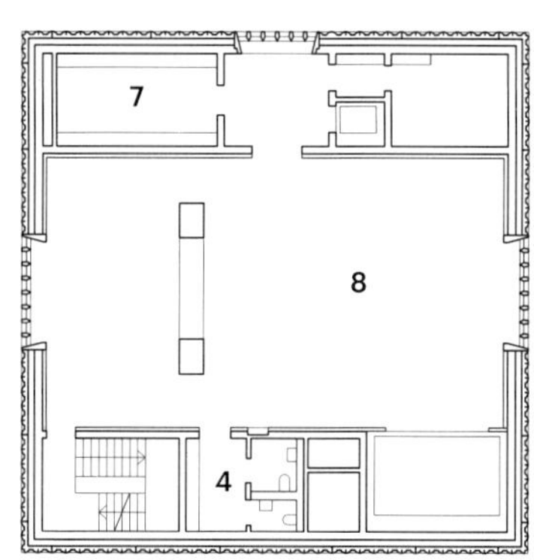

BÜNDNER
KUNST
MUSEUM
CHUR

Im Garten der Semper Villa

In the Garden of the Semper Villa

In Castasegna, einem kleinen Ort an der Grenze zu Italien, steht das südlichste nach Plänen von Gottfried Semper errichtete Gebäude, die Villa Garbald. Das ursprünglich von einem Zolldirektor und seiner Ehefrau bewohnte Gelände wird zurzeit als Seminarzentrum genutzt und von einer Stiftung in Zusammenarbeit mit der ETH Zürich verwaltet. Für den geplanten Lehrbetrieb wurde die Villa aus dem Ende des 19. Jahrhunderts sorgfältig saniert und im nördlichen Bereich um einen Neubau ergänzt. Dieser ersetzt eine alte Scheune und entwickelt sich aus einer bestehenden Grenzmauer heraus in die Höhe. Durch seine polygonale Grundform und die unregelmäßig gesetzten Fensteröffnungen ähnelt er in seiner Erscheinung einem sogenannten Roccolo, dem norditalienischen Vogelturm. Seine Außenwände bestehen aus eingefärbtem Sichtbeton, der sich in Farbigkeit und Haptik auf die Bestandsmauern bezieht. Hierfür wurden dem Beton Farbpigmente zugefügt und die Wände nach dem Ausschalen wassergestrahlt. Gedämmt ist die Konstruktion innen mit Schaumglas. Im Gebäude befinden sich neben einer kleinen Eingangshalle und einer Stube die Zimmer für die Seminarteilnehmer, die sich in der Höhe versetzt um die zentrale Treppe gruppieren. Der Weg nach oben endet in einem Kaminzimmer mit beeindruckendem Ausblick. Als Referenz auf die palladianische Ordnung der Semper-Villa sind die Räume nach den Maßverhältnissen des Goldenen Schnitts gestaltet.

Castasegna, a small locality on the Italian border, houses the southern-most building designed by Gottfried Semper, the Villa Garbald. The premises, originally inhabited by a customs director and his wife, is currently being used as a seminar centre and is managed by a foundation in collaboration with the ETH Zurich. For the planned teaching activities, the villa dating to the end of the 19th century was carefully renovated and supplemented by a new building to the north, which replaces an old barn and vertically develops out of an existing boundary wall. Due to its polygonal basic shape and the irregularly placed window openings, its appearance resembles a so-called roccolo, the northern Italian bird tower. Its external walls consist of dyed exposed concrete, whose hue and feel refer to the existing walls. For this purpose, colour pigments were added to the concrete and the walls were water-blasted following formwork stripping. The structure is insulated with foam glass inside. The building houses a small entrance hall and a parlour as well as the rooms for the seminar participants, which are grouped around the central staircase in a height-staggered manner. The way up terminates in a room with a fireplace and an impressive view. As a reference to the Palladian order of the Semper Villa, the spaces have been designed according to the dimensional ratios of the golden section.

Architekt: Miller & Maranta, Basel
Bauherr: Fondazione Garbald, Zürich
Tragwerksplanung: Conzett Bronzini Gartmann, Chur
Fertigstellung: 2004
Funktion: Seminargebäude

Architect: Miller & Maranta, Basel
Client: Fondazione Garbald, Zurich
Structural engineering: Conzett Bronzini Gartmann, Chur
Completion: 2004
Function: Seminar building

Schnitt / Grundrisse
Maßstab 1:500
1 Eingangshalle
2 Stube
3 Zimmer
4 Kaminzimmer

Section / Floor plans
Scale 1:500
1 Entrance hall
2 Common room
3 Room
4 Room with fireplace

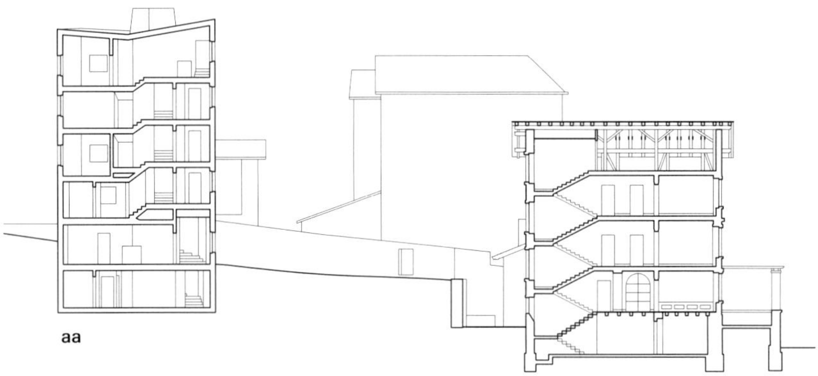

aa

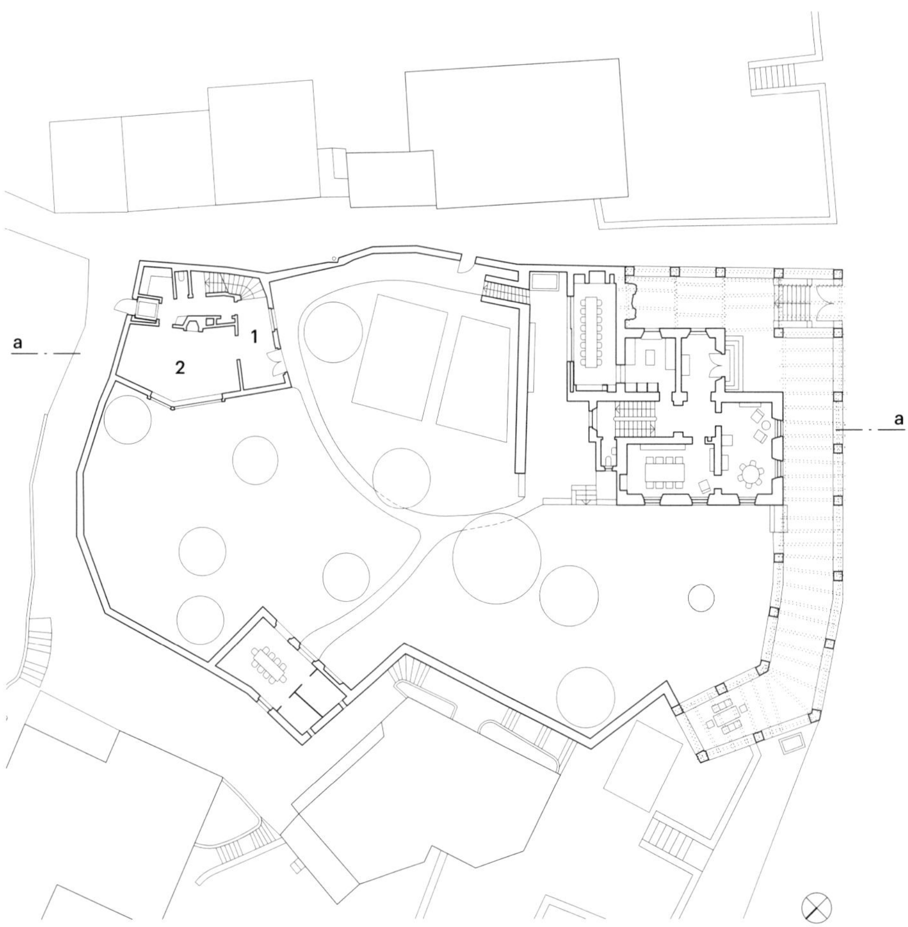

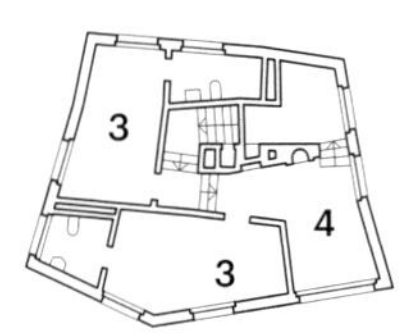

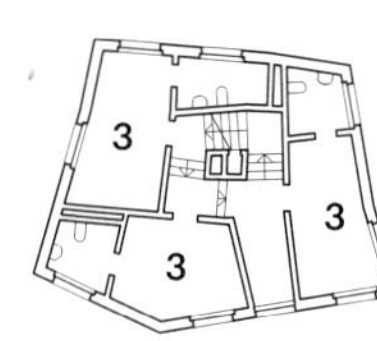

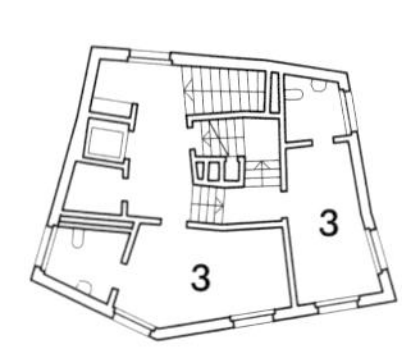

Wohnen im historischen Stallgebäude

Living in a Historical Stable

In direkter Nachbarschaft zu Castasegna befindet sich das kleine Bergdorf Soglio, das aufgrund seiner idyllischen Erscheinung und den Palazzi der Familie Salis berühmt geworden ist. Am Rand des Dorfzentrums liegt ein historisches Stallgebäude, das mit seiner Grundfläche von 10 x 10 m, dem Dach und den Eckpfeilern aus Naturstein sowie den Füllungen aus Rundhölzern als typischer Vertreter der regionalen Bautradition gelten kann. Als Stall nicht mehr in Gebrauch, wurde das Bauwerk in ein Ferienhaus umgewandelt, wobei der Großteil der historischen Substanz bewahrt werden konnte. Betonelemente ergänzen die alten Teile der Fassade aus Stein und Holz und bilden im Erdgeschoss Fassungen für die großformatigen Öffnungen, die allein durch ihr Format eindeutig der heutigen Zeit zuzurechnen sind. Für eine weitere Kontinuität zwischen Alt und Neu fernab formaler Aspekte wurden nur handwerklich verarbeitete Materialien wie geschweißter Stahl, unbehandeltes Eichenmassivholz und Stampfbeton verwendet. Sämtliche Werkstoffe zeugen von einer außergewöhnlichen Präzision in der manuellen Umsetzung und haben eine starke haptische Wirkung. Dabei prägt insbesondere der gestampfte Beton, der die statische Rolle des alten, traditionellen Mauerwerks übernimmt, die Atmosphäre der Innenräume. In der Oberfläche den umgebenden Steinmauern ähnlich, entwickelt er aus dem Außenraum heraus das Geflecht der verschiedenen Terrassen und Höfe sowie der inneren Ebenen.

Directly adjacent to Castasegna lies the small mountain village of Soglio, which has become famous thanks to its idyllic appearance and the palazzi of the Salis family. On the outskirts of the village centre, there is a historical stable, which can be considered a typical example of the regional building tradition, with its ground area of 10 x 10 m, the natural stone roof and corner pillars, as well as the fillings of round timbers. Not anymore in use as a stable, the building was converted into a holiday home, whereby a large part of the historical building stock could be conserved. Concrete elements complement the old parts of the facade made of stone and timber, forming mounts for the large-scale openings, which can – already due to their format – clearly be attributed to the present. For further continuity between the old and the new, and far from formal aspects, only manually processed materials were used, such as welded steel, untreated solid oak wood, and compressed concrete. All materials evince extraordinary precision in their manual implementation and have a strong haptic impact. The compressed concrete in particular, which assumes the static role of the old traditional masonry, shapes the ambience of the interior spaces. With a surface similar to the surrounding stone walls, it develops the network comprising various terraces and courtyards as well as the interior levels, starting from the outdoor space.

Architekten: Ruinelli Associati Architetti, Soglio
Bauherr: privat
Tragwerksplanung: Toscano, St. Moritz
Fertigstellung: 2009
Funktion: Ferienhaus

Architects: Ruinelli Associati Architetti, Soglio
Client: private
Structural engineering: Toscano, St. Moritz
Completion: 2009
Function: Holiday home

Schnitt/Grundrisse
Maßstab 1:250

Section/Floor plans
Scale 1:250

1 benachbarter Stall
2 Garten
3 Hof
4 Eingang
5 Waschküche
6 Schlafen
7 Technik
8 Abstellraum
9 Kochen/Essen
10 Wohnen
11 Arbeiten
12 Loggia

1 Neighbouring stable
2 Garden
3 Yard
4 Entrance
5 Laundry room
6 Bedroom
7 Mechanical services
8 Store
9 Kitchen/Dining room
10 Living room
11 Workroom
12 Loggia

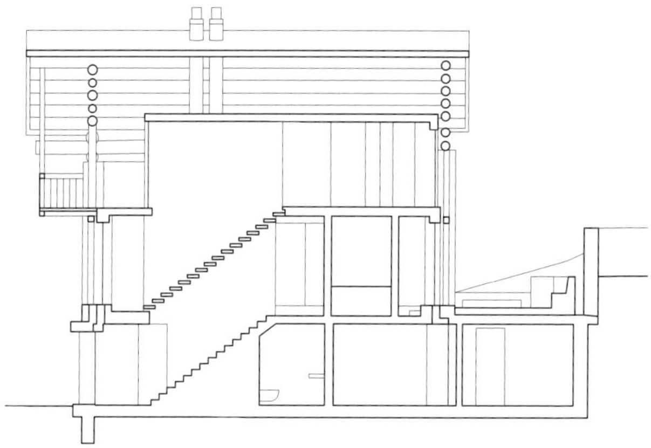

aa

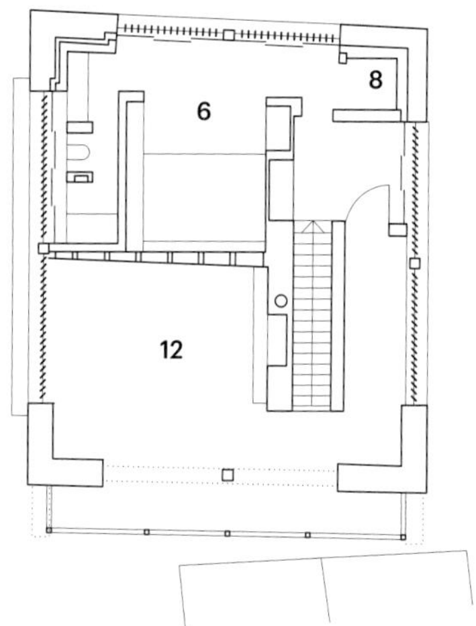

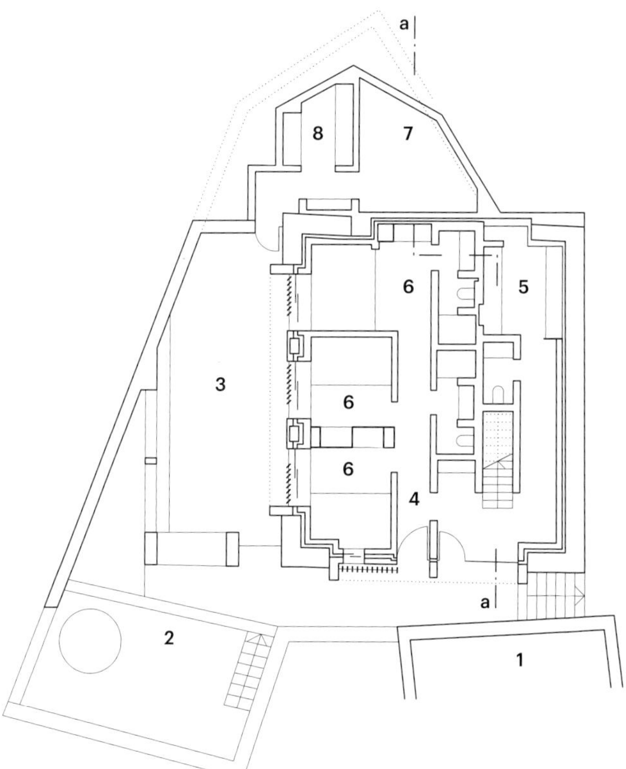

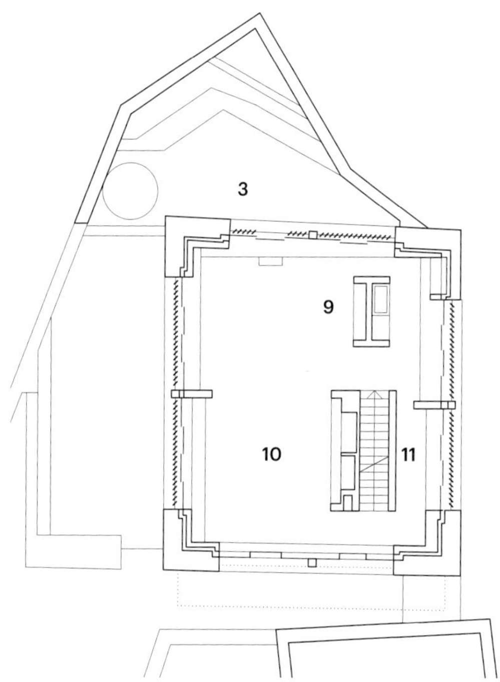

Gebäudefindling

A Boulder-like Building

Das Apartmenthotel Longhin hat seinen Standort am Fuß des gleichnamigen Bergs unweit des Malojapasses, der das Tal Bergell mit dem Engadin verbindet. Das Haus ersetzt einen Vorgängerbau, der sich an aktuelle Anforderungen nicht mehr anpassen ließ. Die äußere Erscheinung des Baukörpers erinnert durch seine massige und polygonale Form an einen Findling und wird damit zum Teil der Felslandschaft, die das Haus umgibt. Die Fassade greift dieses Motiv auf und präsentiert sich nach außen steinig und rau. Dafür wurde die außen liegende Sichtbetonschale in einem komplexen Verfahren abschnittsweise vor Ort errichtet. Durch das Auftragen eines Verzögerungsmittels auf die Schaltafeln konnten die äußeren Schichten des Sichtbetons relativ leicht und umfassend mit einem Wasserstrahlverfahren abgelöst werden. Nach der Bearbeitung tritt die Körnung der Zuschlagstoffe deutlich zutage und verleiht der Fassade eine große Lebendigkeit. Der Grundriss wird durch einen Gebäudekern bestimmt, von dem sich in den Obergeschossen tragende innere Stahlbetonwände radial auffächern. An diese wurde die Erdgeschossdecke gehängt, die dort einen offenen und beinahe stützenfreien Raum ermöglicht. Der zentrale Kern dient auch der vertikalen Erschließung des Hauses. Neben dem Aufzug beinhaltet er zwei voneinander getrennte Treppenhäuser. Über eines davon können die Bewohner der Ferienwohnungen ihre Apartments unabhängig von den Hotel- und Restaurantgästen betreten.

The apartment hotel Longhin is located at the foot of the mountain of the same name, not far from the Maloja Pass, which links the Val Bregaglia with the Engadine. The building replaces a preceding building, which could no longer be adapted to current requirements. The external appearance of the building is reminiscent of a boulder thanks to its massive and polygonal shape, thus becoming a part of the rocky landscape that surrounds the building. The facade takes up this motif, appearing stony and rough on the outside. For this purpose, the external exposed concrete shell was built on site in a complex step-by-step procedure. By the application of a retardant on the formwork panels, the external layers of the exposed concrete could be relatively easily and comprehensively detached using a water jet procedure. Following the processing, the grain of the aggregates clearly emerges, lending the facade great vibrancy. The ground plan is determined by a building core, from which load-bearing, reinforced concrete interior walls radially fan out on the upper floors. Suspended from these is the ground floor ceiling, which thus enables an open and almost column-free space. The central core also serves the vertical circulation of the building. It houses the lift and two mutually separated staircases, one of which can be used by the holiday home residents to access their flats independently of the hotel and restaurant guests.

Architekten: Mierta & Kurt Lazzarini, Samedan
Bauherr: Baugesellschaft Longhin, c/o Andrea Pitsch, St. Moritz
Tragwerksplanung: Martin Gini, Maloja
Fertigstellung: 2015
Funktion: Hotel mit Ferienapartments

Architects: Mierta & Kurt Lazzarini, Samedan
Client: Baugesellschaft Longhin c/o Andrea Pitsch, St. Moritz
Structural engineering: Martin Gini, Maloja
Completion: 2015
Function: Hotel with holiday home flats

Grundrisse / Schnitt
Maßstab 1:400
1 Eingang Hotel
2 Eingang Wohnungen
3 Empfang / Bar
4 Restaurant
5 Stube
6 Küche
7 Anlieferung
8 Hotelzimmer
9 Studio
10 Wohnung

Floor plans / Section
Scale 1:400
1 Hotel entrance
2 Entrance dwellings
3 Reception / Bar
4 Restaurant
5 Lounge
6 Kitchen
7 Deliveries
8 Hotel room
9 Studio
10 Dwelling

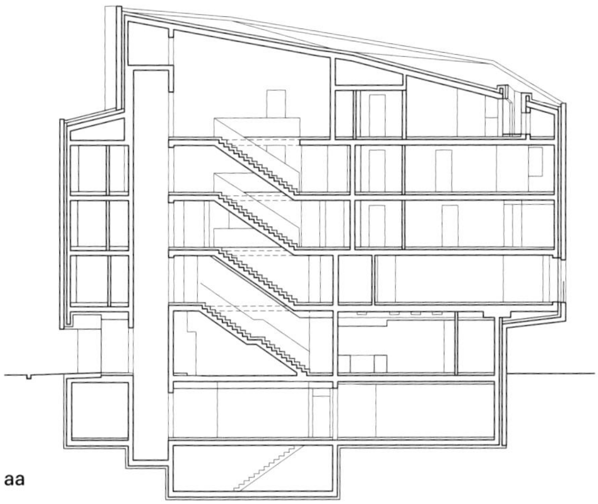
aa

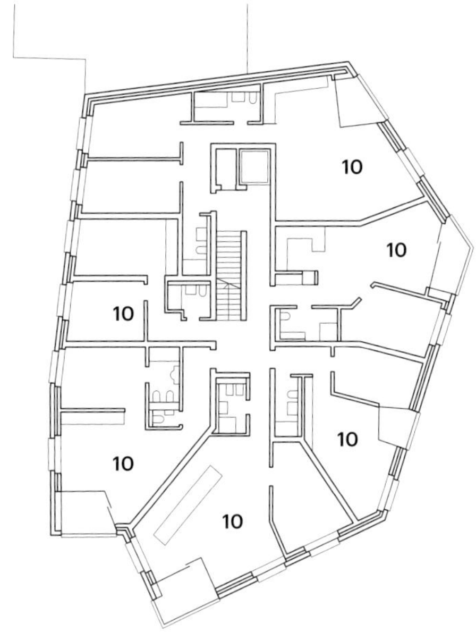
10
10
10
10
10
10
10

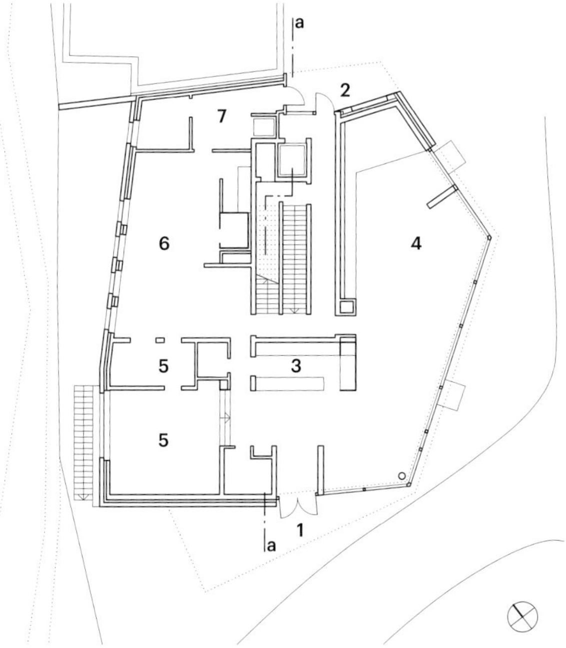
a
2
7
6
4
5
3
5
1
a

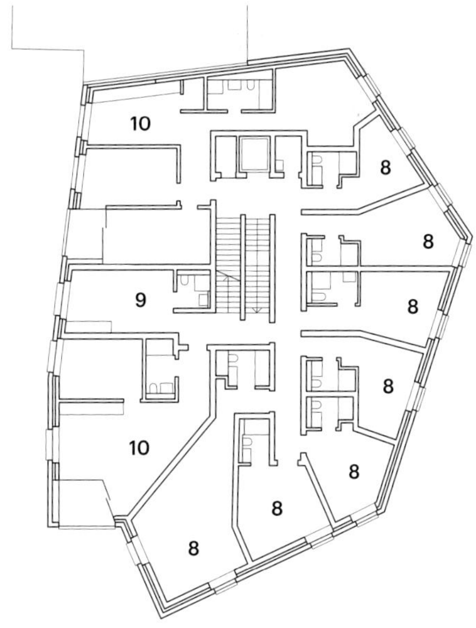
10
8
8
9
8
8
10
8
8
8

Charakterbau im heterogenen Umfeld

A Striking Building in Heterogeneous Surroundings

Durch das rasante Wachstum einer lokalen Krankenkasse stieß der ursprüngliche Hauptsitz des Unternehmens schnell an seine räumlichen Grenzen. Die Firmenleitung entschied sich deshalb für einen Umzug auf das benachbarte Grundstück. Dort trägt der Neubau durch seine Platzierung und die bauliche Struktur zur Neuordnung des bis dahin heterogenen Umfelds bei. Vor allem Vorplatz und Erdgeschoss verzahnen das Gebäude mit dem öffentlichen Raum, da sie für interne, aber auch öffentliche Veranstaltungen zur Verfügung stehen. Der Baukörper selbst gliedert sich in zwei verschieden große Kuben, die mittig verschmelzen und gemeinsam auf einem schmalen Sockel aufsitzen. Beide Gebäudeteile können separat erschlossen werden und sind damit getrennt voneinander nutzbar. So kann das Unternehmen je nach der weiteren Entwicklung unkompliziert Flächen vermieten oder selbst verwenden. Die zwei Teilkörper werden nach außen durch das zentrale Motiv der Arkade vereint. T-förmige Fertigteile aus weißem Sichtbeton bilden eine charakteristische bogenförmige und dabei durchlässige Tragschicht, hinter der mit Abstand die Glasfassade als thermische Trennung angeordnet ist. Die Tiefe der Gebäudehülle regelt den Sonneneinfall nach innen. Weiter gewährt sie den Arbeitsplätzen direkt hinter der gläsernen Haut Sichtschutz, ohne dass der Ausblick beeinträchtigt wird. Die bogenförmigen Elemente sind auch in konstruktiver Hinsicht wirksam eingesetzt. Beim Baukörper handelt es sich um einen Massivbau mit fünf übereinander gestapelten „Geschosstischen". Und wie bei einem Tisch üblich, erfolgt die Verbindung zwischen Platte und Stütze biegesteif. Die Weitung der Säulenköpfe erleichtert dabei die kraftschlüssige Kopplung der horizontalen und vertikalen Tragelemente. Der Auflagerpunkt der Stützen ist auf die statisch minimierte Grundfläche reduziert.

Due to the rapid growth of a local health insurance fund, the original company headquarters quickly reached their spatial limits. The company management therefore decided to move to the neighbouring plot. There, the new building contributes to the reorganisation of the hitherto heterogeneous surroundings due to its placement and built structure. The forecourt and ground floor, in particular, interlink the building with the public space, as they are available for internal but also public events. The building itself is divided into two differently sized cubes, which merge in the centre and jointly rest on a narrow plinth. Both building parts can be accessed separately and thus be used independently of one another. In this way, the company can, depending on future developments, easily let areas or use these itself. The two parts are united towards the outside by the central motif of the arcade. T-shaped prefabricated components of white exposed concrete form a characteristically arched and simultaneously permeable bearing layer, behind which the glazed facade is arranged at a distance for thermal separation. The depth of the building envelope regulates the incidence of sunlight to the interior. Furthermore, it provides visual protection for the workplaces directly behind the glazed skin without compromising the view. The arched elements have been effectively employed in a constructional sense, too. The building is a solid construction with five floor-wise "tables" stacked on top of each other. Similar to a table, the connection between the tabletop and the legs is rigid. The widening of the column heads facilitates the force-fitting link of the horizontal and vertical load-bearing elements. The point of support of the columns is reduced to the statically minimised base area.

Architekten: Bearth & Deplazes Architekten, Chur/Zürich
Valentin Bearth, Andrea Deplazes, Daniel Ladner
Bauherr: ÖKK Kranken- und Unfallversicherungen
Tragwerksplanung: Fanzun, Chur
Fertigstellung: 2012
Funktion: Verwaltungsgebäude

Architects: Bearth & Deplazes Architekten, Chur/Zurich
Valentin Bearth, Andrea Deplazes, Daniel Ladner
Client: ÖKK Kranken- und Unfallversicherungen
Structural engineering: Fanzun, Chur
Completion: 2012
Function: Administrative building

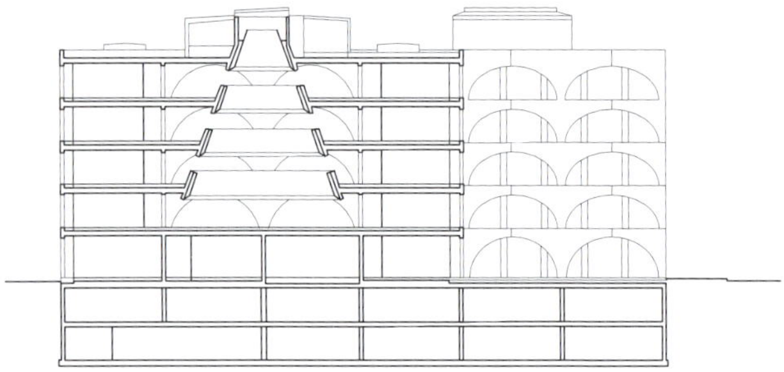

aa

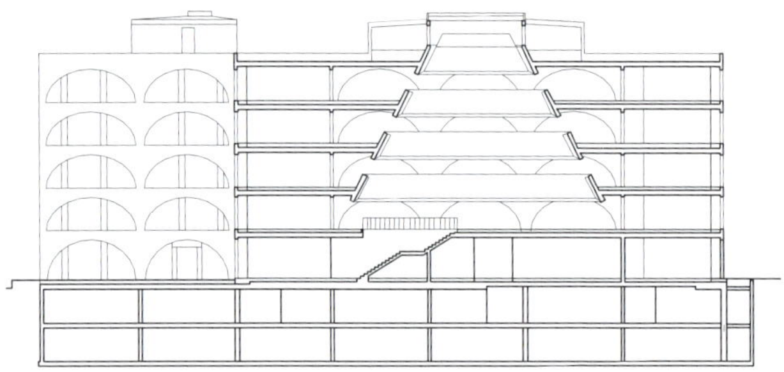

bb

Grundrisse / Schnitte
Maßstab 1:750
1 Haupteingang
2 Nebeneingang
3 Empfang
4 Besprechung
5 Cafeteria
6 Küche
7 Seminar
8 Großraumbüro
9 Tiefgaragenabfahrt
10 Einzelbüro
11 Doppelbüro
12 Atrium / Veranstaltungen

Floor plans / Sections
Scale 1:750
1 Main entrance
2 Side entrance
3 Reception
4 Meeting room
5 Cafeteria
6 Kitchen
7 Seminar room
8 Open-plan office
9 Underground car park exit
10 Single office
11 Double office
12 Atrium / Events

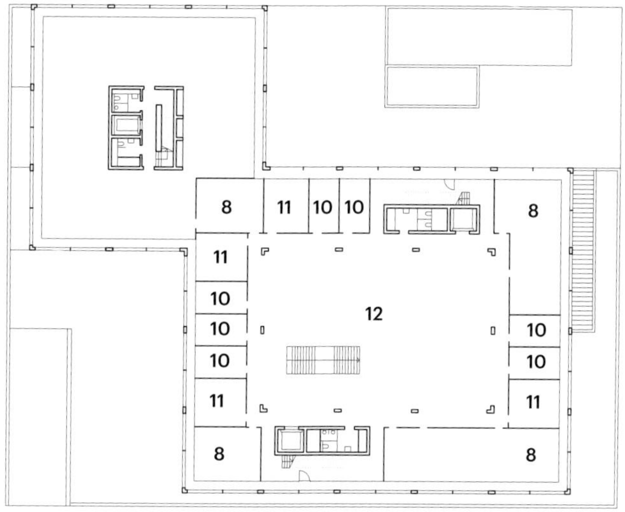
8
11
10
10
8
11
12
10
10
10
10
10
11
11
8
8

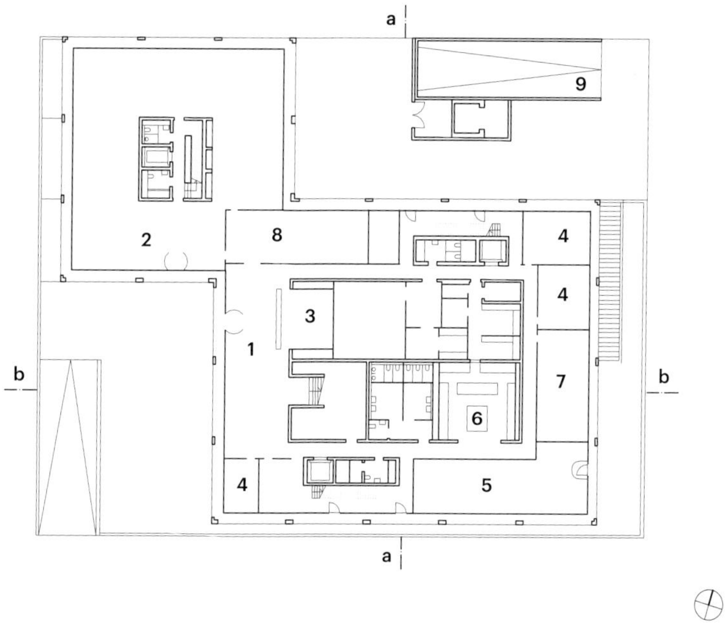
a
9
2
8
4
4
3
1
b
7
b
6
4
5
a

Refugium mit Naturschauspiel

Refuge with a Natural Spectacle

Hoch oben, an einem Sonnenhang im Bergell gelegen, erhebt sich das Rifugio als erratischer Betonblock in die Landschaft. Vom Tal kommend wirkt dieser äußerst schlank und ähnelt aufgrund seiner vertikalen Entwicklung einem Turm. In Richtung der naheliegenden Ortschaft beansprucht der Baukörper jedoch optisch mehr Raum und nimmt mit seinem Volumen Bezug zu den Bestandsbauten. Seine Fassade besteht aus Ortbeton, dem man für die Gegend typisches grünliches Gestein aus dem Aushub des Baugrunds beimischte. Die Betonoberfläche wurde nach dem Ausschalen gewaschen, wodurch der örtliche Zuschlagsstoff deutlicher zutage tritt und das Gebäude wie ein riesiger, von Menschenhand erschaffener Felsbrocken erscheint. Das Flachdach lässt sich als großflächige Terrasse nutzen. Von hier offenbaren sich unter freiem Himmel oft surreal anmutende Naturschauspiele vor beeindruckender Kulisse. Erreichbar ist die Plattform über eine markante Außentreppe, unter der sich im Inneren die Erschließung sämtlicher Etagen verbirgt. Für ein homogenes und ruhiges Erscheinungsbild sind die Wände der Innenräume komplett aus Sichtbeton gefertigt. Einbauten aus Holz, wie etwa die rahmenlosen Türen, fügen sich in das Fugenbild der Betonschalung ein, die mit 27 cm breiten und horizontal verlegten Holzbrettern erstellt wurde. Die Innenausbauten bestechen durch die kunstfertige Präzision der handwerklichen Ausführung.

Located high up on a sunny slope in the Val Bregaglia, the Rifugio rises into the landscape in the form of an erratic concrete block. Coming from the valley, it appears extremely slender and resembles a tower due to its vertical development. In the direction of the nearby locality, however, the building visually takes up more space, while its volume references the existing buildings. Its facade consists of in-situ concrete, which was blended with a greenish stone, typical for the area, from the excavation of the building ground. The concrete surface was washed following the stripping of the formwork, whereby the local aggregate emerges more clearly and the building appears like a huge man-made rock. The flat roof can be used as a large terrace. From here, the often surreal spectacle of nature can be viewed in the open against an impressive backdrop. The platform can be accessed via a distinctive external staircase, below which the circulation of all levels is housed on the inside. For a homogeneous and calm appearance, the walls of the interior spaces are entirely made of exposed concrete. Timber installations, such as the frameless doors, are integrated into the joint patterns of the concrete formwork, which was built with 27 cm wide and horizontally laid wooden boards. The interior fittings are impressive on account of the skilful precision of the manual workmanship.

Architekten: Ruch & Partner, St. Moritz
Bauherr: privat
Tragwerksplanung: Beat E. Birchler, Zernez
Dr. Schwartz Consulting, Zug
Fertigstellung: 2014
Funktion: Wohnhaus mit Atelier

Architects: Ruch & Partner, St. Moritz
Client: private
Structural engineering: Beat E. Birchler, Zernez
Dr. Schwartz Consulting, Zug
Completion: 2014
Function: Residential building with studio

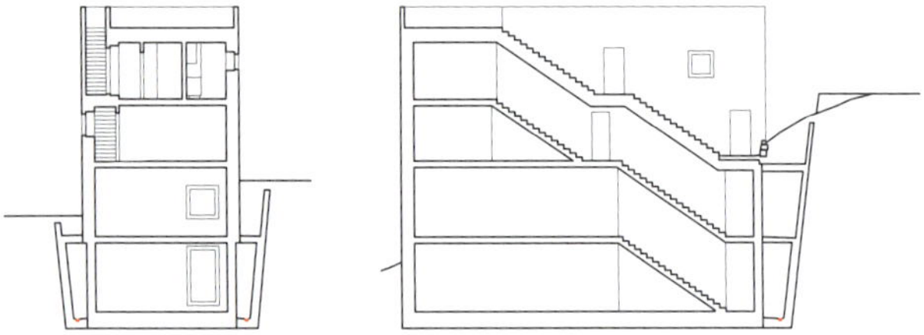

aa bb

Schnitte / Grundrisse
Maßstab 1:500
1 Balkon
2 Schlafen
3 Wohnen / Essen
4 Arbeiten / Atelier
5 Eingang
6 Atelier
7 Technilk

Sections / Floor plans
Scale 1:500
1 Balcony
2 Sleeping
3 Living / Dining
4 Working / Studio
5 Entrance
6 Studio
7 Utility room

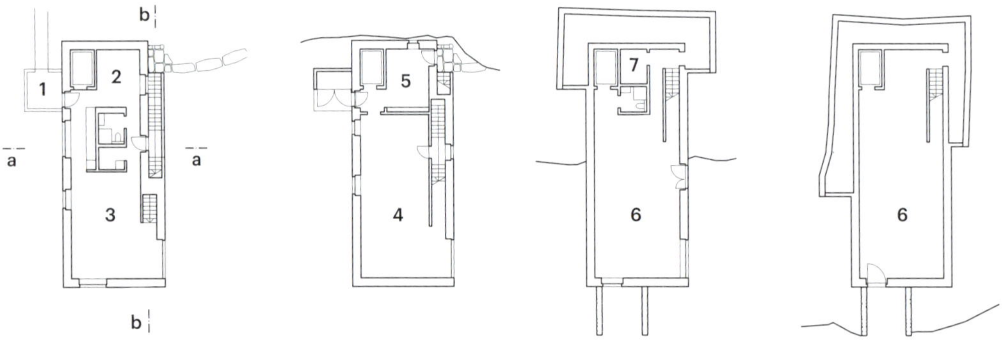

Im Dialog mit Rudolf Olgiati

In Dialogue with Rudolf Olgiati

CASA DA PÉGN, FLIMS

Die Casa da pégn beherbergt vier Familien aus drei Generationen. Das Umfeld des Bauwerks wird von der beeindruckenden Landschaftskulisse des „Flimser Stein" geprägt. Als Referenz an diese raue Bergwelt wurden die Außenwände in Dämmbeton gegossen und vermitteln durch ihre Stärke von bis zu 80 cm im Inneren ein Gefühl von Geborgenheit. Das Mehrgenerationenhaus befindet sich in direkter Nachbarschaft diverser Gebäude im Engadiner Stil – darunter auch das Appartementhaus Las Caglias, ein Frühwerk von Rudolf Olgiati, bei dem er trotz der Einflüsse von Le Corbusier bewusst auf lokale Bautraditionen zurückgriff. Ganz ähnlich nimmt der Entwurf von Atelier Strut Stilelemente der Region auf – wie das flache Satteldach oder die mal außen, mal innen an den Dämmbeton angeschlagenen Fenster – und setzt dem verputzen Baukörper von Olgiati bewusst das Material Sichtbeton gegenüber. Dieses besticht aufgrund der Verwendung sägerauer Bretterschalungen durch eine haptische Oberflächenstruktur, die alle Wände der durch den Gebäudeknick geometrisch leicht verdrehten Raumkomposition auszeichnet. Die Aufteilung der Zimmer wird ausgehend von den gemeinschaftlich genutzten Bereichen sowie einer altersgerechten Wohnung im Erdgeschoss nach oben hin immer kleinteiliger und privater. Unterschiedlich große Öffnungen belichten die Räume und rahmen gleichzeitig besondere Landschaftsausblicke. Im Untergeschoss öffnet sich eine großflächige Glasfassade zu einer natürlichen Felsablagerung, sodass selbst dieses Geschoss mit Tageslicht versorgt ist.

The Casa da pégn houses four families from three generations. The surroundings of the building are characterised by the impressive scenery of the "Flimser Stein". As a reference to this rough mountain world, the external walls were poured in insulating concrete and convey a sense of security with their thickness of up to 80 cm inside. The multi-generational house is located in close proximity to various buildings in the Engadine style, including the Las Caglias block of flats, an early work of Rudolf Olgiati, where he deliberately drew on local building traditions despite influences by Le Corbusier. In a similar fashion, the design by Atelier Strut takes up stylistic elements typical of the region, such as the flat saddle roof or the windows that sometimes stop outside and sometimes inside at the insulating concrete, and deliberately uses exposed concrete as a material to create a contrast with the plastered building by Olgiati. Due to the use of rough-sawn formwork planking, the exposed concrete impresses with a haptic surface structure, characterising all walls of the spatial composition, which is geometrically slightly twisted due to the bend in the building. The division of the rooms becomes more small-scale and private as one goes up, starting from the commonly used areas as well as a senior-citizen-friendly flat on the ground floor. Variously sized openings light up the spaces and simultaneously frame special landscape views. In the basement, an extensively glazed facade opens up towards a natural rock deposit so that even this floor is supplied with daylight.

Architekten: Atelier Strut, Winterthur
Bauherr: Familie Ehrat
Tragwerksplanung: Conzett Bronzini Gartmann, Chur
Fertigstellung: 2014
Kategorie: Mehrfamilienhaus

Architects: Atelier Strut, Winterthur
Client: Family Ehrat
Structural engineering: Conzett Bronzini Gartmann, Chur
Completion: 2014
Category: Multifamily dwelling

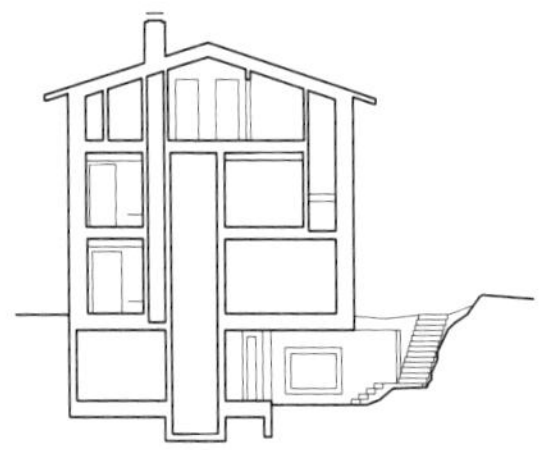

aa

bb

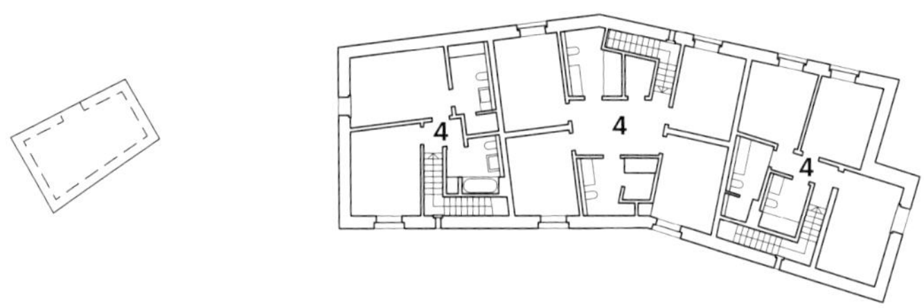

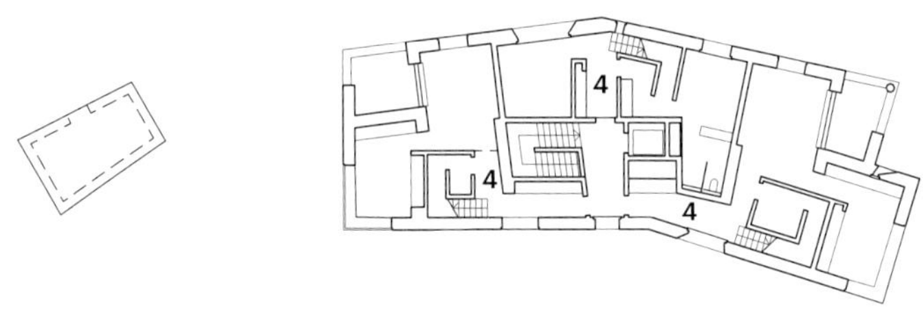

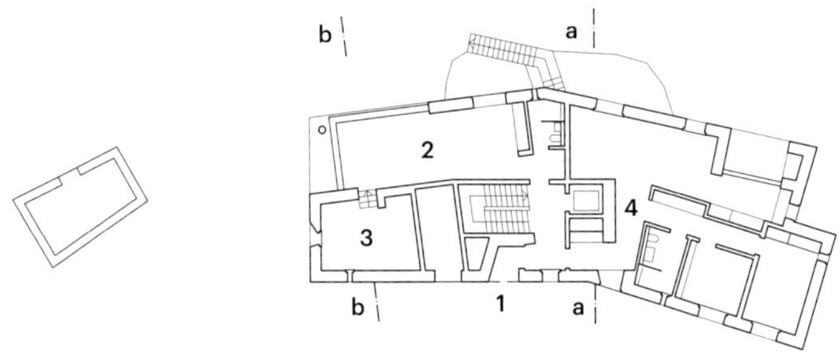

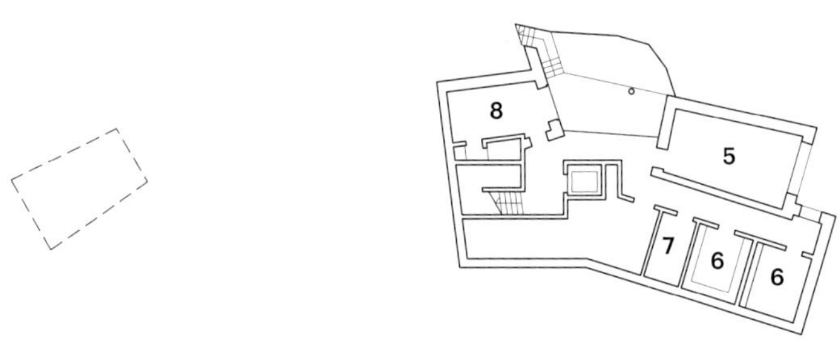

Schnitte / Grundrisse
Maßstab 1:500
1 Eingang
2 Gemeinschaftsküche
3 Gemeinschaftsraum
4 Wohnung
5 Garage
6 Keller
7 Technik
8 Wellness

Sections / Floor plan
Scale 1:500
1 Entrance
2 Shared kitchen
3 Common room
4 Flat
5 Garage
6 Basement
7 Utility room
8 Wellness

CASA DA PÉGN, FLIMS

Weiterbauen der Betonmoderne

Building on Concrete Modernism

Das Gebäudeensemble der ehemaligen Bündner Frauenschule wurde 1983 nach Plänen von Robert Obrist errichtet. Trotz einer ersten Erweiterung in den 1990er-Jahren bestand nach der Umwidmung zur Pädagogischen Hochschule im Jahr 2003 zusätzlicher Raumbedarf. Der Neubau der Mediathek mit zwei Hörsälen fügt sich wie selbstverständlich in die bestehende Anlage ein und vervollständigt mit seiner entschiedenen Setzung zusätzlich die räumliche Situation zur Parkfläche im Osten des Areals. Im Zusammenspiel mit dem Klassentrakt entsteht ein Innenhof mit Terrasse, von der die Beziehung zwischen Alt und Neu deutlich erlebbar ist. Durch die Verwendung von sägerauen Brettschalungen, aber auch dank der plastischen Durchgestaltung des Baukörpers mittels kleiner Versprünge erweist der Neubau nach außen seine Reverenz an den Bestand. Damit schafft er es, die vorherrschende Formensprache durch die Verwendung eindeutig der heutigen Zeit zuzurechnender Elemente, wie beispielsweise den Fenstereinbauten, weiterzuentwickeln. Im Gegensatz zu den rauen Außenwänden bestimmen im Inneren glatte und monochrom weiße Oberflächen die Atmosphäre, die einen neutralen Hintergrund für das bunte Geschehen an der Hochschule bietet. Konstruktiv gesehen handelt es sich um einen monolithischen Betonbau, dessen Sichtbetonwände tragend ausgeführt sind. Als Besonderheit wurde der für die Mediathek erforderliche stützenfreie Raum durch eine Rippendecke realisiert. Diese spannt jeweils zwischen zwei Scheiben – der Südfassade und dem Dachaufbau des Aufenthaltsbereichs der Mediathek. Die Lasten der Scheiben werden dann in die stirnseitigen Wände abgeleitet.

The ensemble of buildings of the former Grisons women's school was built in 1983 according to plans by Robert Obrist. In spite of a first extension in the 1990s, additional space was required following the rededication as Pedagogical University in 2003. The media centre's new building, with its two auditoriums, smoothly blends into the existing complex, while its definitive placement additionally rounds off the spatial situation towards the parking area in the eastern part of the plot. In an interplay with the classroom wing, a courtyard with a terrace is created, from which the relationship between the old and the new is clearly perceivable. Due to the use of rough-sawn formwork planking but also the sculptural design of the building structure by means of small offsets, the new building pays homage to the building stock towards the outside. In doing so, it succeeds in further developing the prevalent design vocabulary by using decidedly contemporary elements, such as the window installations. In contrast to the rough external walls, smooth and monochrome white surfaces characterise the ambience of the interior, which provides a neutral backdrop for the vibrant hustle and bustle at the university. In constructional terms, it is a monolithic concrete structure, whose exposed concrete walls have been designed to be load-bearing. As a special feature, the column-free space required for the media centre was realised by employing a ribbed slab construction, spanning two discs respectively – the southern facade and the roof structure of the media centre's lounge area. The loads of the discs are then transferred to the front walls.

**Architekt: Pablo Horváth, Chur
Bauherr: Hochbauamt Graubünden
Tragwerksplanung: Ingenieurbüro Flütsch, Chur; Widmer Krause & Partner, Chur
Fertigstellung: 2010
Funktion: Hochschulgebäude**

Architect: Pablo Horváth, Chur
Client: Hochbauamt Graubünden
Structural engineering: Ingenieurbüro Flütsch, Chur; Widmer Krause & Partner, Chur
Completion: 2010
Function: University building

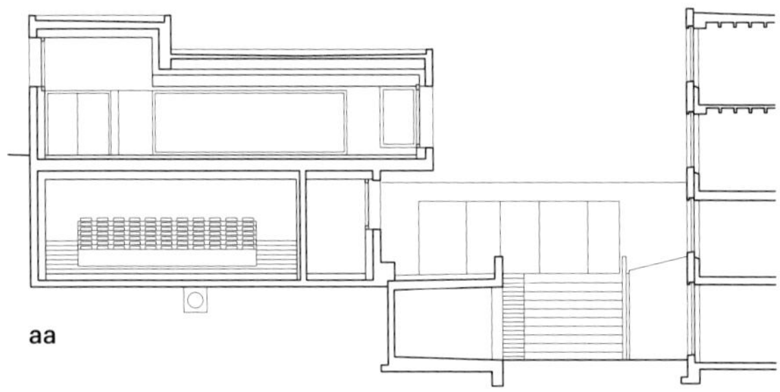

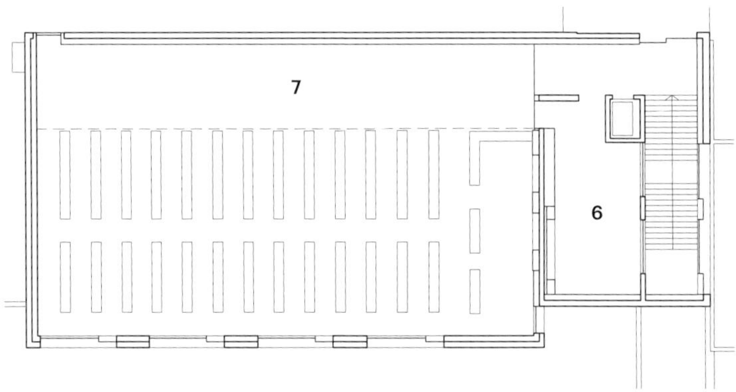

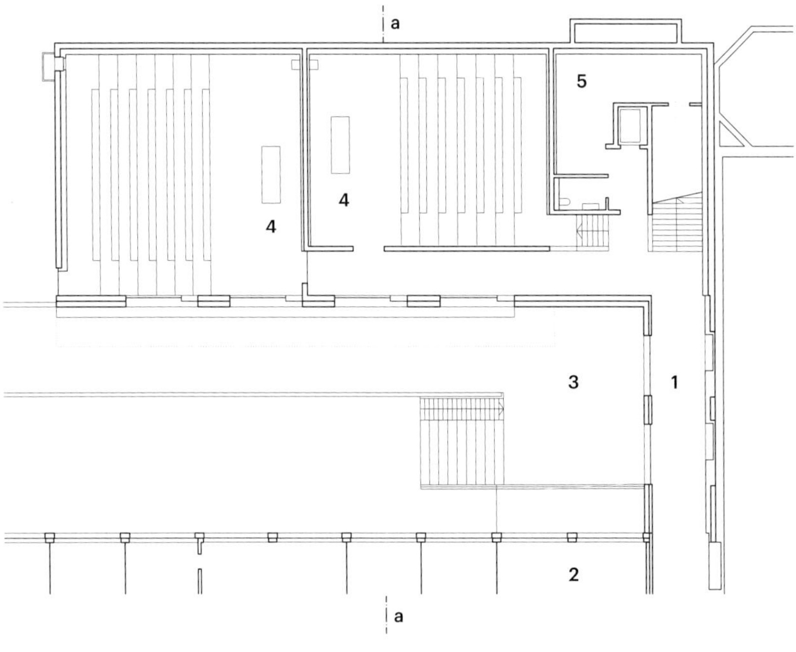

Grundrisse / Schnitt
Maßstab 1:400
1 Zugang
2 Bestandsgebäude
3 Pausenterrasse
4 Hörsäle
5 Haustechnik
6 Arbeitsraum
7 Mediothek

Floor plans / Section
Scale 1:400
1 Access
2 Existing building
3 Recreational terrace
4 Auditoriums
5 Building services
6 Workroom
7 Media centre

Atelierwerkstatt im Künstlertal

Studio Workshop in an Artists' Valley

Am Rand eines Gewerbegebiets gelegen, markiert das Atelierhaus der Basler Künstlerin Miriam Cahn den Ortseingang von Stampa, dem Geburtsort der Künstlerfamilie Giacometti. Obwohl das Gebäude Elemente der naheliegenden Gewerbebauten aufgreift und seinen Werkstattcharakter selbstbewusst nach außen trägt, entwickelt es durch den gelungenen Einsatz weniger formaler Mittel eine für die Bauaufgabe adäquate große Ausstrahlungskraft. Um diese zu erreichen, wurde der lang gezogene Baukörper auf einem zurückgesetzten Sockel emporgehoben, wodurch das Gebäude optisch beinahe ins Schweben gerät. Die Fassaden sind weiter mit wenigen wohl gesetzten Öffnungen rhythmisiert. Jeweils nur zwei Fenster versorgen das Atelier und die Studioflächen mit ausreichend Tageslicht. Der Lagerbereich, in dem auch empfindliche Zeichnungen aufbewahrt werden, bleibt sogar fensterlos. Prägend für die Bauaufgabe ist die mit Liebe zum Detail gestaltete Sichtbetonfassade, für deren Entwicklung mehrere 1:1-Muster angefertigt wurden und die mit großem handwerklichem Geschick vor Ort umgesetzt ist. Für die Schalung der Außenwände kamen sägefrische Fichtenbretter aus dem nahe gelegenen Sägewerk zur Anwendung. Durch das Schwinden der Bretter bildeten sich kleine Fugen in der Schalungshaut, sodass die Zementmilch kontrolliert ablaufen konnte. Die dadurch an der Oberfläche entstandenen Brüche verleihen der Fassade ein charaktervolles Aussehen. Um die monolithische Wirkung der Betonfassade weiter zu unterstützen, wurden die Gebäudeecken auf Gehrung betoniert.

Located at the outskirts of a commercial district, the studio house of the Basel-based artist Miriam Cahn marks the entrance to Stampa, the birthplace of the Giacometti family of artists. Though the building takes up elements of the nearby commercial buildings, and self-confidently displays its workshop character outwards, it develops a sufficiently strong charisma for the building task at hand thanks to the successful application of a limited number of formal means. To achieve this, the elongated building structure was raised on a recessed plinth, whereby the building visually almost appears to be floating. The facades have, furthermore, been given a rhythm by employing a limited number of well-placed openings. Only two windows, respectively, provide sufficient daylight for the studio and the studio areas. The storage area, where delicate drawings are also kept, even remains windowless. What is distinctive for the building task is the exposed concrete facade, designed with great attention to detail, for whose development several full-scale models were produced and which was realised on site with a high degree of manual skill. For the formwork of the external walls, freshly sawn spruce boards from the nearby sawmill were employed. Due to shrinkage of the boards, small gaps emerged in the formwork shell, so that the grout wash could run off in a controlled manner. The thus created cracks on the surface lend the facade an appearance full of character. In order to further enhance the monolithic effect of the concrete facade, the building corners were made in mitred concrete.

Architekten: Ruinelli Associati Architetti, Soglio
Bauherr: Miriam Cahn, Stampa
Tragwerksplanung: Beat Birchler, Zernez
Fertigstellung: 2016
Funktion: Ateliergebäude

Architects: Ruinelli Associati Architetti, Soglio
Client: Miriam Cahn, Stampa
Structural engineering: Beat Birchler, Zernez
Completion: 2016
Function: Studio building

Schnitte / Grundriss
Maßstab 1:400
1 Zugangsrampe
2 Eingang
3 Atelierbereich
4 Büro / Bibliothek
5 Lager

Sections / Floor plan
Scale 1:400
1 Access ramp
2 Entrance
3 Sudio area
4 Office / Library
5 Storeroom

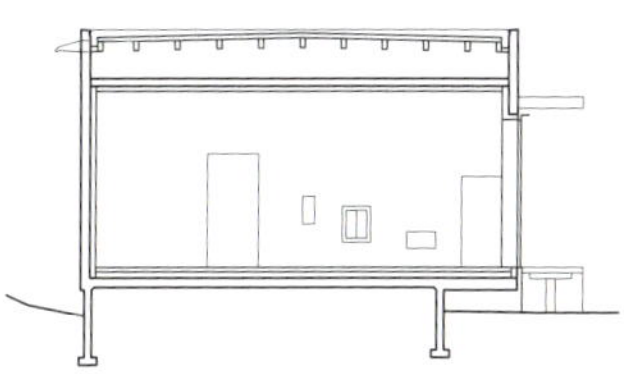

aa

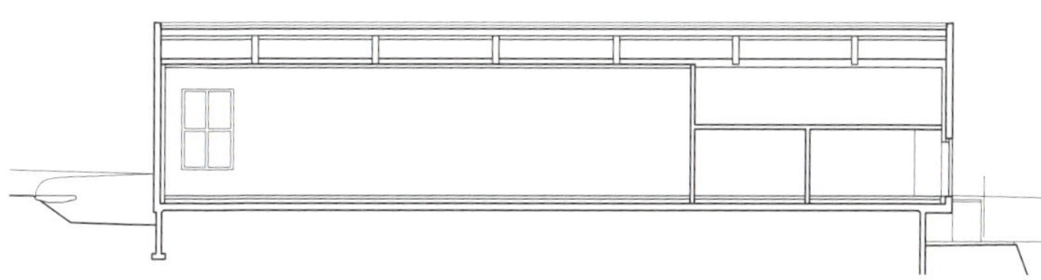

bb

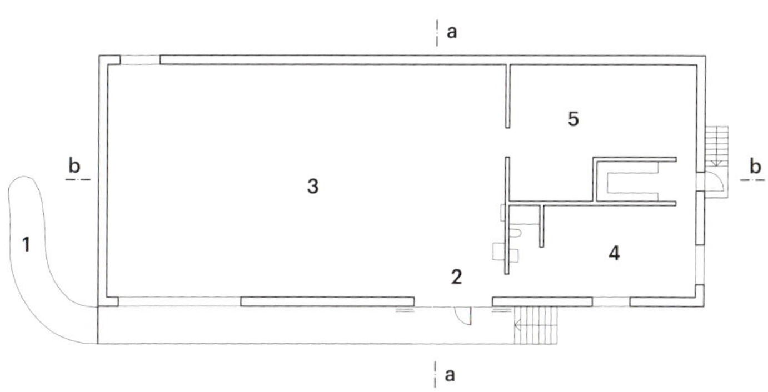

Zeitgemäßes Maiensäss

Contemporary Mountain Pasture Hut

Das Refugi Lieptgas befindet sich an einer kleinen Lichtung in den Ausläufern des Flimser Stadtwalds. Anstelle des Betongebäudes stand ursprünglich ein baufällig gewordenes Maiensäss, das traditionelle Sommerhaus der Bauern in den Bündner Alpen. Das historische Bauwerk war aufgrund seines schlechten Zustands nicht mehr zu retten. Da gesetzliche Regelungen wenigstens den Erhalt des Charakters des ehemaligen Bauwerks vorschreiben, entschieden sich die Architekten, die Hütte in gleicher Kubatur wiederaufzubauen. Dabei wurde die ehemalige Strickbalkenkonstruktion als Schalelement der neu zu erstellenden Wände aus Dämmbeton verwendet. Ähnlich wie etwa bei den Skulpturen der Künstlerin Rachel Whiteread bildet der Abdruck der alten Rundhölzer nun Gebrauchsspuren und Geschichten in der neuen Fassade ab, verleiht dem Objekt aber auch eine zeitgemäße abstrahierende Wirkung. Das Bauwerk gliedert sich räumlich in zwei Teile. Das Erdgeschoss dient dem Wohnen und umfasst zusätzlich Bereiche zum Kochen und Essen. An der Stirnseite lädt ein Platz am offenen Kamin zum Verweilen ein. Im Untergeschoss befindet sich der Schlafbereich, der durch einen Felsvorsprung mit Tageslicht versorgt und durch eine in der Fensterlaibung eingelassenen Badewanne ergänzt ist. An das Volumen der beiden Haupträume docken Raumkörper für die geschwungene Innentreppe, ein WC sowie Flächen für die Haustechnik an. Drei Fenster eröffnen verschiedene Blicke auf die Waldlichtung. Zusätzlich erhellt ein kreisrundes Oberlicht den Sitzplatz vor dem Kamin.

The Refugi Lieptgas is located in a small clearing on the fringes of the Flims city forest. Before the concrete building, a dilapidated mountain pasture hut, the traditional summer house of the farmers in the Grison Alps, had stood here. The historical building could not be saved, due to its poor condition. Since legal regulations at least prescribe the preservation of the character of the former building, the architects decided to reconstruct the hut in the same shape. In doing so, the erstwhile log construction was used as formwork element for the new walls to be built in insulating concrete. Similar to the sculptures of the artist Rachel Whiteread, for example, the imprint of the old round timbers now displays traces of usage and narratives in the new facade, while also lending a contemporary abstract impact to the object. The building is spatially divided into two parts.
The ground floor serves for living and additionally encompasses areas for cooking and dining. On the front side, a spot at an open fireplace invites people to linger. The basement accommodates the sleeping area, lit by daylight due to a rock ledge, and supplemented by a bathtub embedded into the window soffit. Docking onto the volume of the two main rooms are spaces for the curved interior stair, a WC, as well as for building services. Three windows enable different views of the forest clearing. Additionally, a circular skylight brightens the seat in front of the fireplace.

Architekten: Nickisch Walder, Flims
Bauherr: Guido Casty, Flims
Tragwerksplanung: Reto Walder, Flims
Fertigstellung: 2012
Funktion: Ferienhaus

Architects: Nickisch Walder, Flims
Client: Guido Casty, Flims
Structural engineering: Reto Walder, Flims
Completion: 2012
Function: Holiday home

Schnitte/Grundrisse
Maßstab 1:200
1 Eingang
2 Küche
3 Sitzgelegenheit
4 Feuerstelle
5 Schlafzimmer
6 Badewanne
7 Technik

Sections/Floor plans
Scale 1:200
1 Entrance
2 Kitchen
3 Seating
4 Fireplace
5 Bedroom
6 Bathtub
7 Utility room

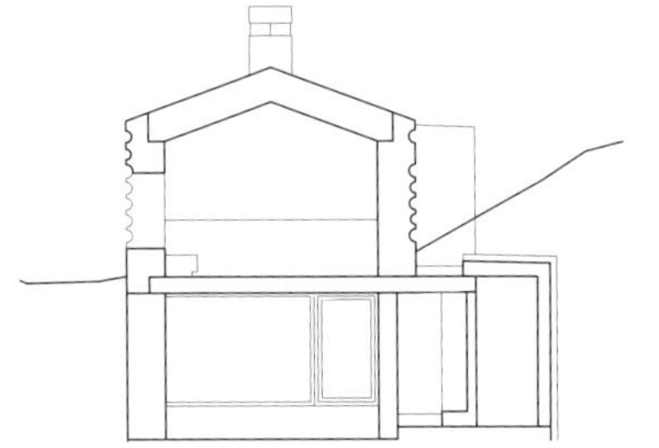

aa

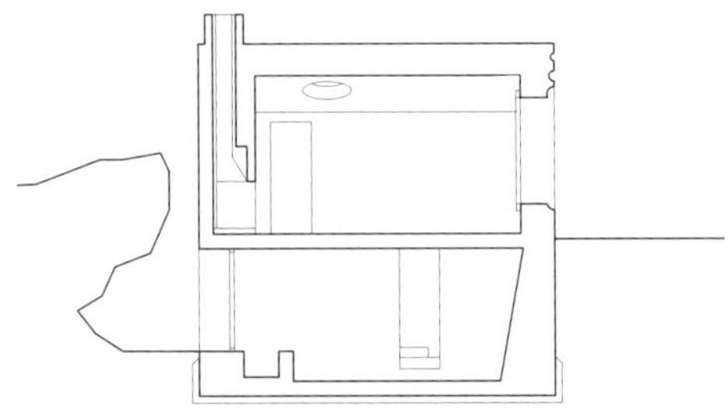

bb

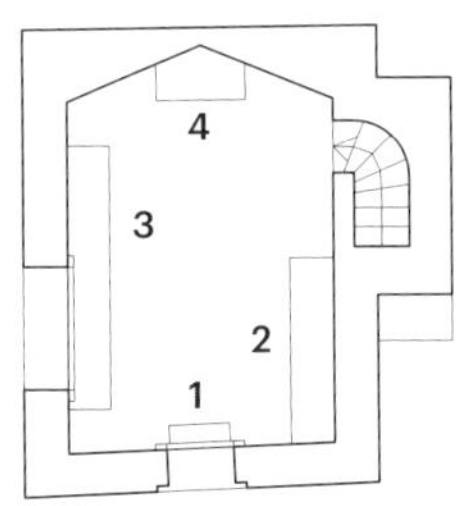

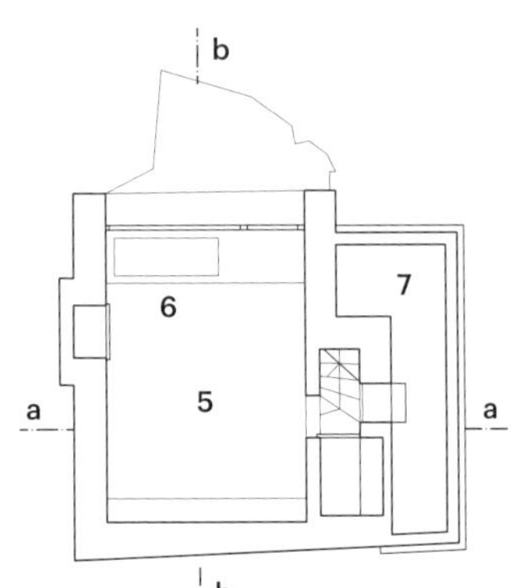

Die klösterliche Sennerei

The Monastic Alpine Dairy

Nach einem verheerenden Brand entschied sich das Kloster in Disentis, das dabei zerstörte Stallgebäude neu zu errichten und um eine Käserei zu ergänzen. Mit beiden Bauvorhaben wurde der Vriner Architekt Gion A. Caminada beauftragt, der bereits für die Planung des klostereigenen Mädcheninternats verantwortlich war und sich durch die behutsame Weiterentwicklung des baulichen Erbes von Kulturlandschaften einen Namen gemacht hat. Die neuen Gebäude befinden sich unweit des Klosterhauptsitzes auf einer grasbewachsenen und von der Landwirtschaft intensiv genutzten Hochebene. Die Sennerei umfasst einen nach modernsten Methoden konzipierten Produktionsbereich und einen Käsekeller, in dem unter der Erdoberfläche Hunderte von Käselaiben bis zur Reifung lagern. Zusätzlich gibt es Flächen für die Verwaltung, den Verkauf sowie für Degustationen der selbst erzeugten Produkte. Die einzelnen Bereiche sind durch innen liegende Fenster verzahnt, sodass sich der Besucher einen Überblick über die Käseherstellung verschaffen kann. Im Gegensatz zum Stallgebäude aus Holz ist die Käserei überwiegend aus mineralischen Baustoffen gefertigt. Das Innere des Bauwerks besteht beinahe nur aus Mauerziegeln. Diese wirken sich aufgrund ihrer materialspezifischen Eigenschaften positiv auf den Produktionsprozess aus und dienen als Puffer für Feuchtigkeit und Gerüche. Im Kontrast zu den Ziegelinnenwänden sind sämtliche Außenfassaden aus Sichtbeton errichtet, dessen fein strukturierte Oberfläche das Thema der horizontalen Mauerwerksfuge neu variiert. Hierfür wurden herkömmliche Monotafelmodule mit horizontalen Brettschalungen versehen. Diese für einen Zweckbau erstaunlich differenzierte Oberflächentextur trägt zum edlen Erscheinungsbild des Baukörpers bei.

Following a devastating fire, the monastery in Disentis decided to rebuild the destroyed stable and extend it by a cheese dairy. The Vrin-based architect Gion A. Caminada was commissioned for both building projects. He had already been responsible for the planning of the monastery's own girls' boarding school, and had made a name for himself by a sensitive further development of the built heritage of cultural landscapes. The new buildings are located near the monastery's headquarters on a grassy plateau intensively used for agriculture. The alpine dairy encompasses a production area designed according to the most modern methods, as well as a cheese cellar, where hundreds of cheese loafs are stored until maturation underneath the earth's surface. Additionally, there are areas for administration, sales, as well as tasting of the dairy's own products. The individual areas are interlinked by inlying windows, so that visitors can get an overview of the cheese production. In contrast to the timber-built stable, the cheese dairy is largely made of mineral construction materials. The building's interior almost entirely consists of bricks. Due to their material-specific characteristics, these have a positive effect on the production process, and serve as buffer for moisture and odours. In contrast to the brick inner walls, all external facades have been built of exposed concrete, whose finely structured surface newly variegates the theme of the horizontal masonry joint. For this purpose, conventional mono-panel modules were fitted with horizontal formwork boards. This surface texture, surprisingly differentiated for a functional building, contributes to the noble appearance of the building.

Architekten: Gion A. Caminada, Vrin
Bauherr: Sennaria Surselva, Disentis
Tragwerksplanung: Iso Mazzetta, Disentis
Fertigstellung: 2011
Funktion: Gewerbegebäude

Architects: Gion A. Caminada, Vrin
Client: Sennaria Surselva, Disentis
Structural engineering: Iso Mazzetta, Disentis
Completion: 2011
Function: Commercial building

Schnitte / Grundriss
Maßstab 1:400

Sections / Floor plan
Scale 1:400

1. **Eingang überdacht**
2. **Verteilerraum**
3. **Verkaufsladen**
4. **Feuerstelle**
5. **Käsekeller**
6. **Käseproduktion**
7. **Anlieferung**
8. **Milchsilo**

1. Entrance, covered
2. Distribution room
3. Sales shop
4. Fireplace
5. Cheese cellar
6. Cheese production
7. Delivery
8. Milk silo

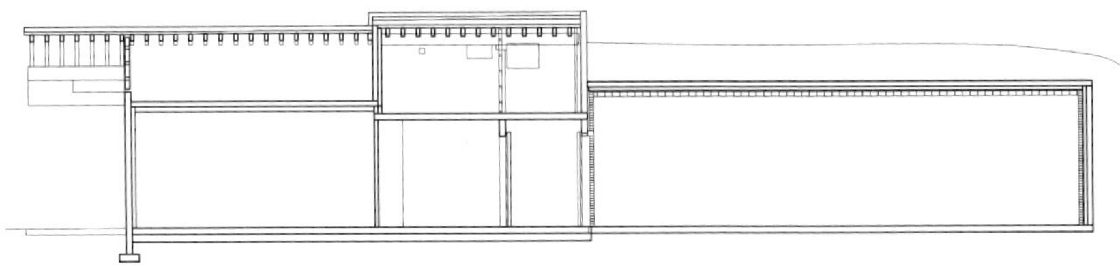

aa

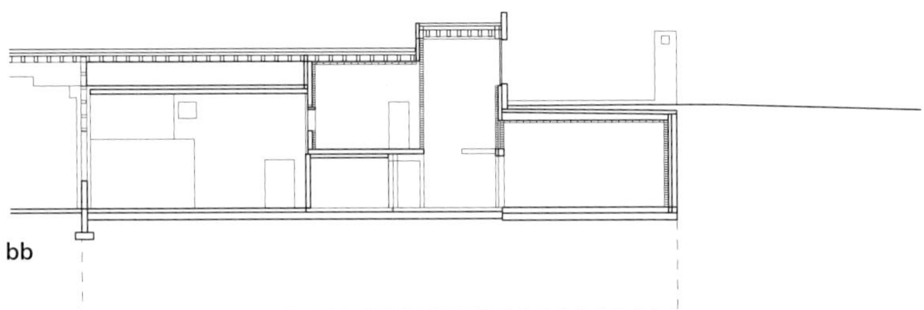

bb

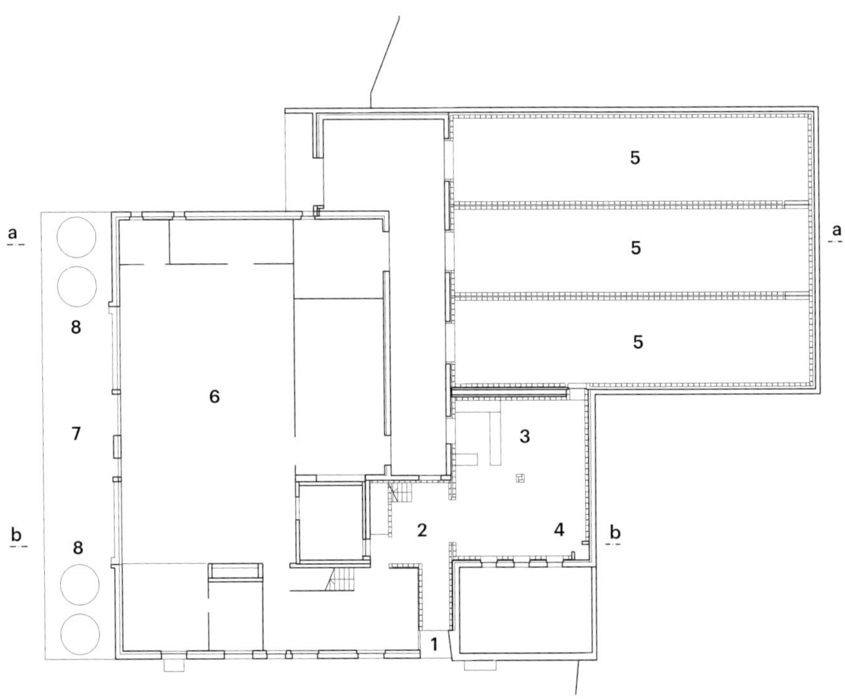

Haus mit Kern in Strickbauweise

Building with a Log-constructed Core

Nahezu quadratisch im Grundriss und mit steilem Satteldach versehen, grenzt sich das Wohngebäude in Trin-Mulin durch seine einfach gehaltene Kubatur deutlich von der umgebenden Einfamilienhaussiedlung ab. Auf die Grundform des klassischen Hauses reduziert, wird es nur durch einen nach oben zulaufenden Kamin sowie einen kleinen Anbau zusätzlich akzentuiert. Dieser verankert den Baukörper mit der Umgebung und ermöglicht einen geschützten Zugang. Das auf wenige Gestaltungsmittel minimierte Äußere beschränkt sich auf eine zurückhaltende Detaillierung. Wände und Dach sind im Werkstoff Sichtbeton ausgeführt, für dessen Erstellung lokaler Kies zum Einsatz kam. Um den Übergang zwischen Wand und Dach möglichst homogen auszubilden, wurde auf eine Dachrinne verzichtet. Der Abdruck der vertikal angeordneten und normierten Schalungsplatten zieht sich damit durchgehend über beide Bauelemente, die innenseitig mit Dämmung und grobem mineralischem Putz versehen sind. Prägend für die Innenräume ist der leicht exzentrisch gelegene Erschließungskern. Dieser ist als Kontrast zur Fassade und den verputzten Innenwänden in warm wirkendem Zirbenholz errichtet. Bei der Konstruktion handelt es sich um eine klassische Strickbauweise, die selbsttragend ausgeführt ist. Die den Kern umgebenden Räume spiegeln die besonderen Bedürfnisse der beiden Bewohner wider: neben den üblichen Wohnnutzungen auch ein Atelier, eine Bibliothek und ein Weinkeller. Dabei bestimmen die beiden überhohen, zum Wohnen und als Atelier genutzten Zimmer die innere Raumorganisation. Sie werden von halbgeschossig versetzten kleineren Einheiten ergänzt.

Architekten: schneller caminada architekten, Trin
Bauherr: Olivia Schmid, Peter Giacomelli
Tragwerksplanung: Reto Walder, Flims
Fertigstellung: 2016
Funktion: Einfamilienhaus

Almost square in plan and with a steep saddle roof, the residential building in Trin-Mulin clearly stands out from the surrounding single-family settlement on account of its simple shape. Reduced to the basic shape of a classic house, it is only additionally accentuated by a chimney that tapers towards the top, and a small annexe that anchors the building in its surroundings and provides covered access. The exterior, minimised to only a few design elements, limits itself to restrained detailing. The walls and the roof have been constructed in exposed concrete, which was prepared using local gravel. To make the transition between the wall and the roof as homogeneous as possible, a roof gutter was dispensed with. The imprint of the vertically arranged and standardised formliners thus continuously extends across both building elements, which have insulation on the inside and a rough mineral plaster. The interior spaces are shaped by the slightly eccentric circulation core. In contrast to the facade and the plastered interior walls, this has been built in warm Swiss stone pine wood. The structure is a classic log construction, which was designed in a self-supporting manner. The spaces surrounding the core reflect the special requirements of the two residents: alongside the usual residential uses, these include a studio, a library, and a wine cellar. The two extra-high rooms used for living and as a studio determine the inner spatial organisation, and are supplemented by smaller units offset by half a storey.

Architects: schneller caminada architekten, Trin
Client: Olivia Schmid, Peter Giacomelli
Structural engineering: Reto Walder, Flims
Completion: 2016
Function: Single-family house

Schnitte / Grundrisse
Maßstab 1:400
1 Eingang
2 Carport
3 Geräte
4 Garderobe
5 Essen
6 Feuerstelle
7 Küche
8 Bibliothek
9 Schlafen
10 Luftraum

Sections / Floor plans
Scale 1:400
1 Entrance
2 Carport
3 Equipment
4 Cloakroom
5 Dining
6 Fireplace
7 Kitchen
8 Library
9 Sleeping
10 Air space

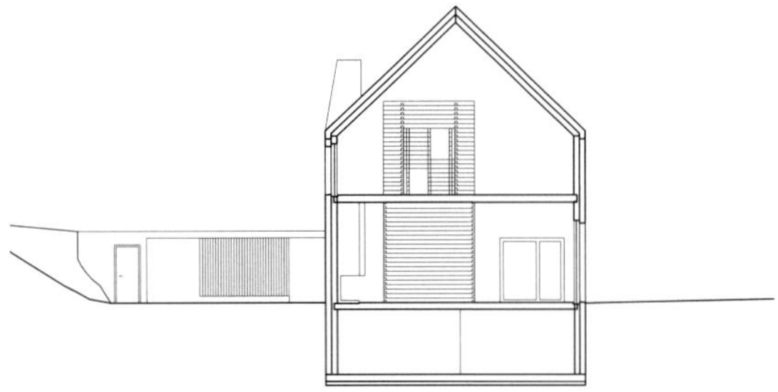

aa

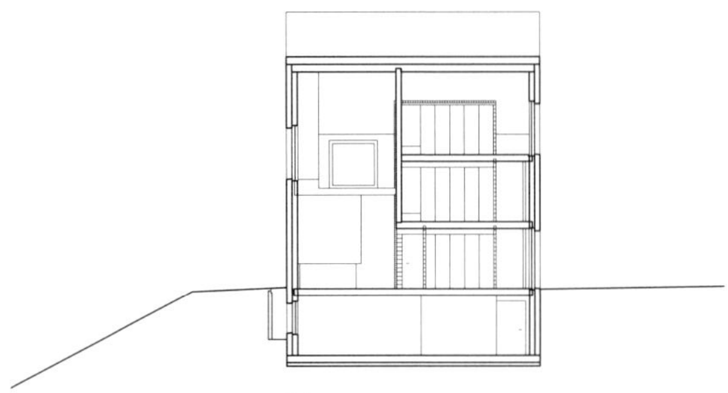

bb

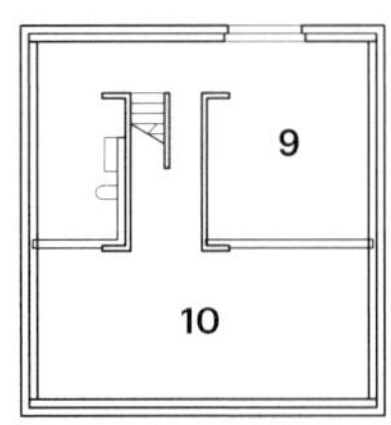

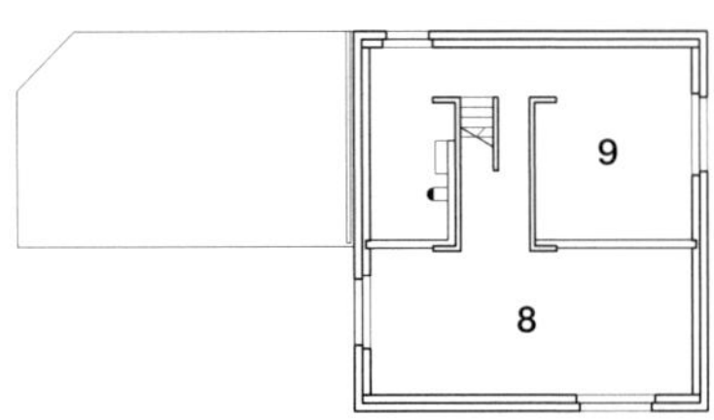

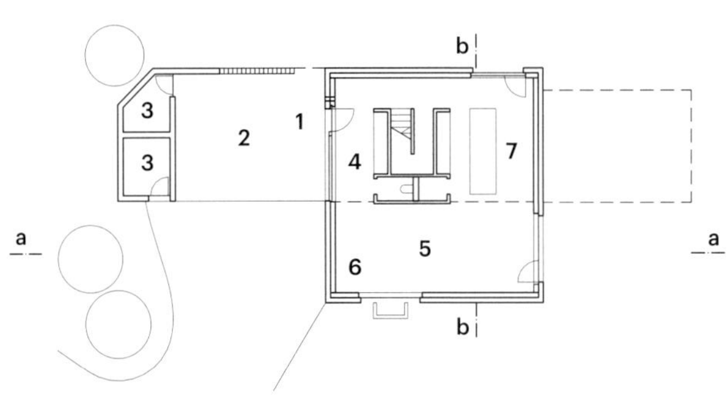

Atelier in alter Kubatur

Studio Inside an Old Cubage

Umgeben von dunkelpatinierten Holzhäusern liegt das Atelier Bardill inmitten des Dorfzentrums von Scharans. Hier wohnt seit mehreren Jahren der gleichnamige Schweizer Poet und Liedermacher. Für die Erweiterung seines zu klein gewordenen Arbeitszimmers erwarb er in direkter Nachbarschaft zu seinem Wohnhaus das Grundstück eines alten Stallgebäudes. Um das Baurecht zu wahren, sah die örtliche Gesetzgebung vor, den abgerissenen Nutzbau in gleicher Kubatur wieder zu errichten. Der Entwurf von Valerio Olgiati greift das geforderte Volumen in radikaler Weise auf und gliedert es in zwei Teile: Der mit 70 m^2 auf seine notwendigen Ausmaße reduzierte Atelierraum steht im direkten Dialog mit einem vielseitig nutzbaren Atriumbereich. Diese beiden Teile werden ergänzt von einer Zone mit Nebenräumen im Untergeschoss. Trotz der einfachen Grundkonstellation besticht das Bauwerk durch eine vielschichtige Raumfolge. Ausgehend von einer leicht schräg zum Haus ausgerichteten Treppe betritt man das Atrium durch eine unscheinbare Öffnung. Dort angekommen, wird der Blick durch einen großzügigen ellipsenförmigen Dachausschnitt in den Himmel und die angrenzende Berglandschaft gelenkt. Ähnlich wie in der traditionellen japanischen Architektur üblich, erfolgt der weitere Zugang zum Atelier nicht direkt, sondern wird über eine Wegfolge entlang der Umfassungsmauer und eine großformatige Öffnung mit Aussicht auf das Dorf inszeniert. Die formal konsequente Gestaltung des Bauwerks bestimmt auch das äußere Erscheinungsbild. Massive und rot pigmentierte Betonwände definieren ausdrucksstark das Volumen. Die Wände zieren Rosetten in verschiedenen Größen, die von Hand in die Schalhaut eingestemmt wurden. Das Motiv stammt von einer alten Truhe aus dem Besitz des Bauherrn.

Surrounded by dark-patinated timber buildings, the Atelier Bardill lies in the midst of the village centre of Scharans. Here, the Swiss poet and songwriter of the same name has been living for several years. For the extension of his workroom, which had become too small, he purchased a plot with an old stable in immediate proximity to his residence. In order to uphold the building law, local legislation stipulated the rebuilding of the demolished utilitarian building in the same cubage. The design by Valerio Olgiati takes up the stipulated volume in a radical way and separates it into two parts: the 70-m^2 studio space, minimised to the required dimensions, stands in direct dialogue with a diversely usable atrium area. These two parts are completed by an area with side rooms in the basement. In spite of a simple basic constellation, the building impresses due to a multilayered sequence of spaces. Starting from a staircase aligned slightly obliquely to the building, the atrium is accessed via an inconspicuous opening. Having arrived here, the view is directed up towards the sky and the adjoining mountain landscape by a spacious, elliptical roof cutout. Similar to what is common in traditional Japanese architecture, the further access to the studio is not direct but is orchestrated across a pathway along the enclosing wall and a large-sized opening with a view of the village. The formally consistent design of the building also determines its external appearance. Massive, red-pigmented concrete walls, expressively define the volume. The walls are adorned by rosettes in different sizes, which were mortised by hand into the formwork shell. The motif comes from an old chest owned by the client.

Architekten: Valerio Olgiati, Flims
Bauherr: Linard Bardill, Scharans
Tragwerksplanung: Conzett Bronzini Gartmann, Chur
Fertigstellung: 2007
Funktion: Atelier

Architects: Valerio Olgiati, Flims
Client: Linard Bardill, Scharans
Structural engineering: Conzett Bronzini Gartmann, Chur
Completion: 2007
Function: Studio

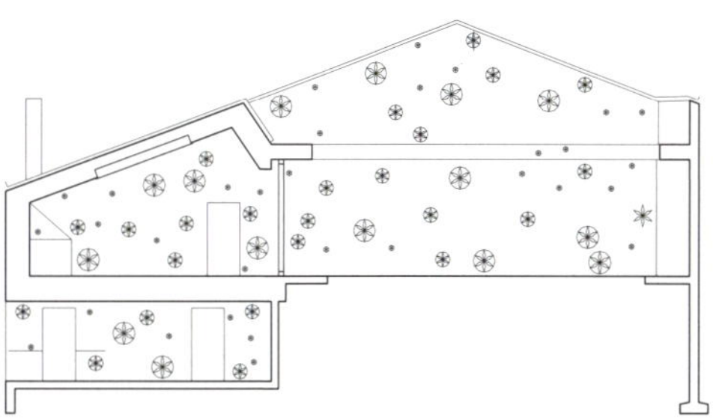

aa

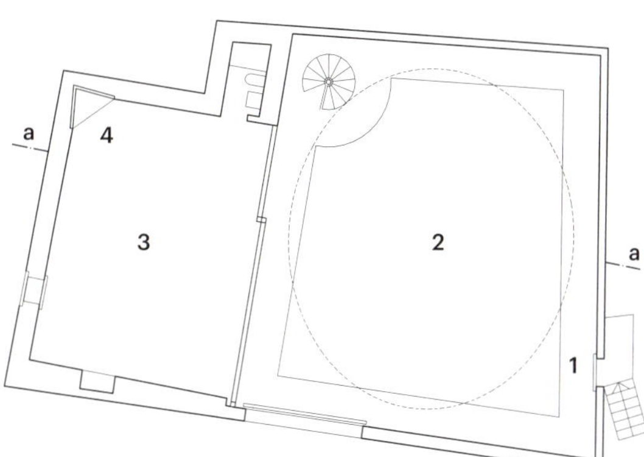

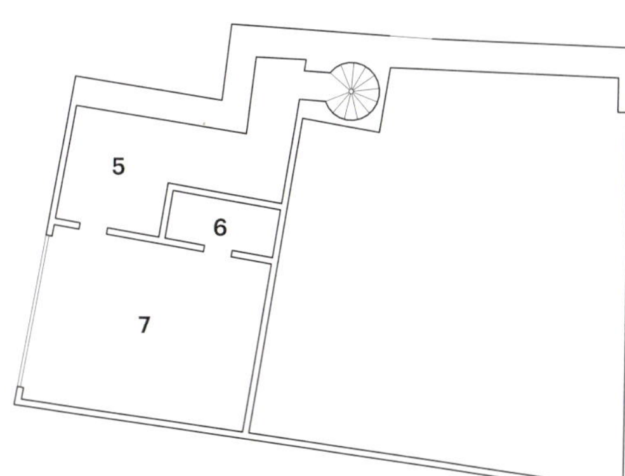

Schnitt / Grundrisse
Maßstab 1:300
1 Eingang
2 Innenhof
3 Atelierbereich
4 Feuerstelle
5 Lager
6 Technik
7 Garage

Section / Floor plans
Scale 1:300
1 Entrance
2 Courtyard
3 Studio area
4 Fireplace
5 Storeroom
6 Utility room
7 Garage

Am historischen Wegrand

At the Historical Wayside

Die Viamala war für viele Jahrhunderte eine wichtige Route bei der Alpenüberquerung. Sie bezeichnet den in die Hänge geschlagenen Weg entlang der Schlucht, in die sich der Hinterrhein zwischen Thusis und Zillis tief eingegraben hat. Ab dem 13. Jahrhundert verfiel die Passage zunehmend und der gefährliche sowie mühsame Pfad kam zu seinem Namen, der aus dem Rätoromanischen übersetzt „schlechter Weg" bedeutet. Aufgrund der spektakulären Naturkulisse wurde die Viamala Anfang des 20. Jahrhunderts zur Touristenattraktion umgewandelt. Seitdem markiert ein immer wieder erneuerter Kiosk den Eingang zum besonders sehenswerten Teil der Schlucht. Das neue Besucherzentrum nutzt die Grundfläche seines Vorgängerbaus. Zur Straße hin stellt sich das Gebäude wehrhaft dar, es soll die Besucher vor dem Strassenlärm schützen und durch den verwehrten Blick in die Schlucht Spannung aufbauen. Daher wird der geknickte Baukörper aus grauem Sichtbeton auch nur von einem lang gezogenen Fensterschlitz unterbrochen. An beiden Schmalseiten jedoch, ähnlich wie bei einem Tunnel, gewähren großflächige Glasfassaden den Zugang zum Kassenbereich, dem Café mit Aussichtsterrasse, dem Buchladen sowie zur Schlucht und machen die in Holz und roten Farben gehaltene Inneneinrichtung nach außen hin sichtbar. Die Fassade und das Dach sind nahezu detaillos ausgeführt. Die sich dadurch ergebende Vermoosung und Patina trägt dazu bei, dass das Gebäude mit der Zeit noch stärker Teil der umgebenden Felslandschaft wird.

The Viamala was an important route for alpine crossings over many centuries. It designates the route cut into the slopes along the ravine, into which the Posterior Rhine has deeply dug itself between Thusis and Zillis. From the 13th century onwards, the passage increasingly decayed, spawning the name for this dangerous and arduous path, which translates from the Rhaeto-Romanic language as "bad path". Due to the spectacular natural scenery, the Viamala was transformed into a tourist attraction at the beginning of the 20th century. Ever since, a repeatedly renewed kiosk marks the entrance to the part of the ravine that is particularly worth seeing. The new visitor centre uses the ground area of the preceding building. Towards the road, the building appears fortified, intended to protect visitors from traffic noise and, by blocking the view of the gorge, to create a sense of anticipation. Therefore, the bent building of grey exposed concrete is only interrupted by a single elongated window slit. On both narrow sides, however, and similar to a tunnel, extensive glazed facades provide access to the cash register area, the café with the panoramic terrace, the bookshop, as well as the ravine, while also making the interior design with its timber and red colours visible to the outside. The facade and the roof have been constructed seemingly without any apparent detail. The resulting moss formation and patina contributes to the building even more strongly becoming a part of the surrounding rocky landscape with time.

Architekten: Iseppi / Kurath, Thusis
Bauherr: Viamala Infra Betriebsgenossenschaft
Tragwerksplanung: FHP Bauingenieure, Thusis
Fertigstellung: 2014
Kategorie: Besucherzentrum

Architects: Iseppi / Kurath, Thusis
Client: Viamala Infra Betriebsgenossenschaft
Structural engineering: FHP Bauingenieure, Thusis
Completion: 2014
Category: Visitor centre

Schnitte/Grundriss	Sections/Floor plan
Maßstab 1:300	Scale 1:300
1 Eingang	1 Entrance
2 Shop	2 Shop
3 Terrasse	3 Terrace
4 Ausgang Schlucht	4 Exit ravine
5 Zugang Schlucht	5 Access ravine

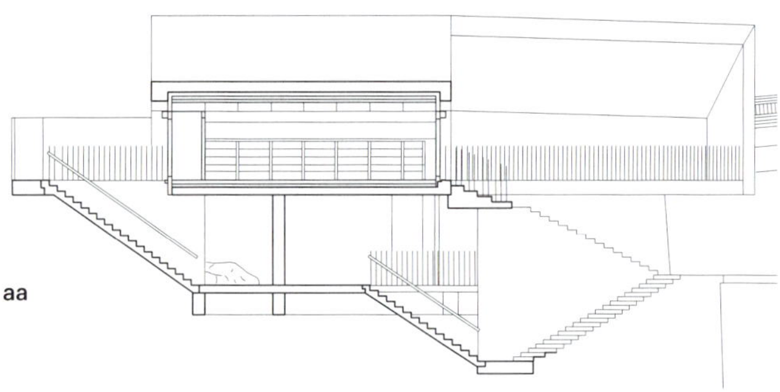

aa

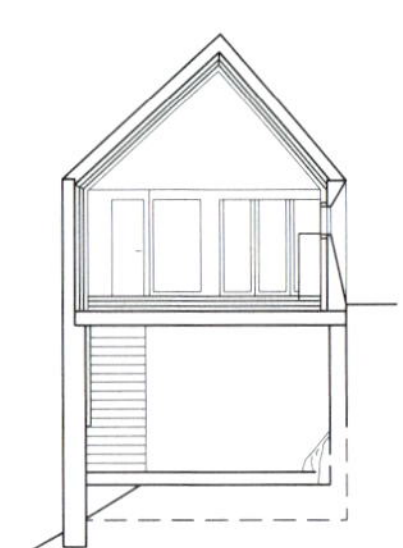

bb

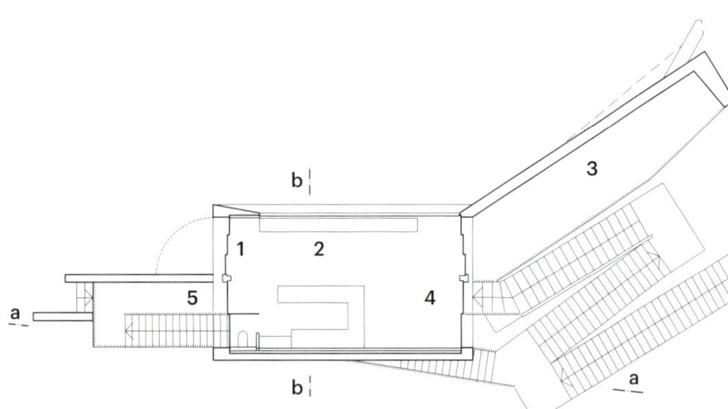

Dorfimplantat

Village Implant

Das Bürgerhus ersetzt im Ortszentrum von Haldenstein ein altes Stallgebäude, für das keine weitere Verwendung mehr bestand. Ähnlich wie der Vorgängerbau spannt sich das neue Gebäude zwischen das Geflecht der gewachsenen Bebauung und verzahnt diese miteinander. Das subtile Weiterschreiben des Bestands umfasst neben der städtebaulichen Anordnung auch den Dachraum. Sechs Satteldachschrägen verleihen den Dachwohnungen Charakter und sorgen dafür, dass sich der obere Abschluss des Gebäudes nahtlos in die vorhandene Dachlandschaft einfügt. Das Bürgerhus selbst besteht aus einer Ansammlung von Wohneinheiten verschiedener Größe, die für die Anforderungen von Kleinfamilien mit oder ohne Kinder und Menschen im Rentenalter ausgelegt sind. Großzügige Laubengänge und Aufenthaltsflächen im Freien sind Orte des gemeinsamen Austauschs und bieten den hier wohnenden Kindern Platz zum Spielen. Konstruktiv betrachtet handelt es sich beim Bürgerhus um einen Massivbau mit zwei Schalen. Die äußere Schale wurde vor Ort betoniert. Wie bei traditionellen Bauten üblich, kam Material der Umgebung zur Anwendung: In diesem Fall verleiht dorfeigener Kies den Außenwänden aus Sichtbeton die ortstypische Färbung. Um diese weiter herauszuarbeiten, wurde die äußere Schicht der Fassade beim Aushärten um 3 bis 5 mm mit dem Wasserstrahler abgetragen. Die dadurch sich ergebende Oberflächenstruktur passt sich den rau verputzen Fassaden der Bestandsbauten an. Die innere Schale wurde abschließend aufgemauert und bekleidet die dazwischenliegende Wärmedämmung.

The Bürgerhus in the centre of Haldenstein replaces an old stable, for which there was no further use. Similar to the preceding building, the new structure is stretched between the network of the evolved building development, and interlinks it. The subtle continuation of the building stock encompasses both the urban developmental arrangement as well as the roof space. Six saddle roof slopes lend character to the roof flats, while ensuring that the upper end of the building is seamlessly integrated into the existing roofscape. The Bürgerhus itself consists of a collection of flats of different sizes, which have been designed for the requirements of small families with or without children, and people in retirement age. Spacious pergolas and outdoor lounging areas are places for joint exchange, and offer the children living here space to play. In constructional terms, the Bürgerhus is a solid construction with two shells. The concrete of the outer shell was poured on site. As is common in traditional buildings, local materials were applied: in this case, gravel from the village lends the external walls made of exposed concrete a colouring typical for the locality. In order to work this out further, 3 to 5 mm of the external layer of the facade was removed during hardening, using a water jet. The resulting surface structure fits in with to the coarsely plastered facades of the existing buildings. The inner shell was finally walled up to clad the thermal insulation lying in between.

Architekten: Miroslav Šik, Zürich
Bauherr: Bürgergemeinde Haldenstein
Tragwerksplanung: Jürg Buchli, Haldenstein
Fertigstellung: 2008
Funktion: Mehrfamilienhaus

Architects: Miroslav Šik, Zurich
Client: Bürgergemeinde Haldenstein
Structural engineering: Jürg Buchli, Haldenstein
Completion: 2008
Function: Multifamily house

 BÜRGERHUS, HALDENSTEIN

Schnitt/Grundrisse
Maßstab 1:500
1 Eingang
2 Erschließungsgasse
3 Technik
4 Wohnung
5 Hof

Section/Floor plans
Scale 1:500
1 Entrance
2 Access lane
3 Utility room
4 Flat
5 Courtyard

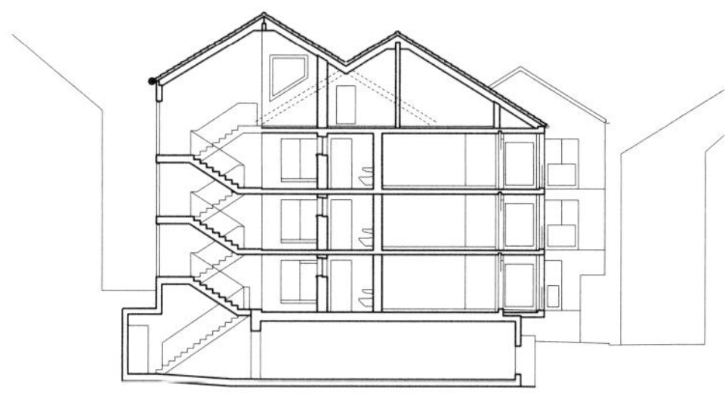

aa

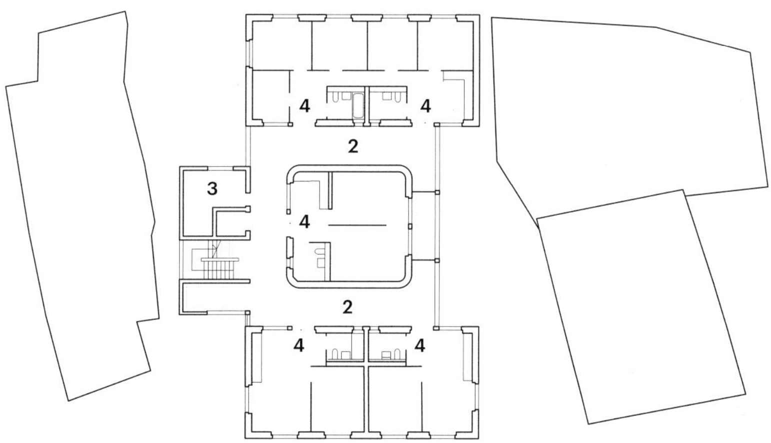

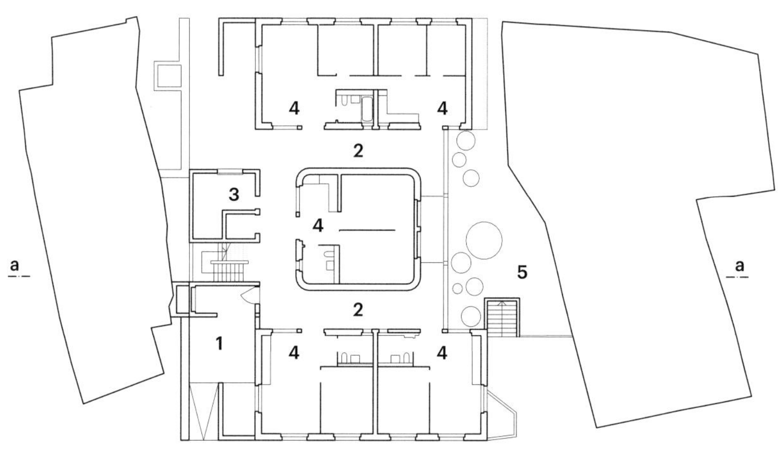

Haus mit Patio und Ausblick

House with a Patio and a View

Das Haus Trancauna liegt an der Grenze zwischen der Dorfstruktur von Lumbrein und der nach wie vor überwiegend landwirtschaftlich geprägten Gegend der Lumnezia, einem Seitental des Vorderrheins im Bündner Oberland. Das nur temporär genutzte Gebäude macht seine Lage am Übergang zum zentralen Thema. Hierfür bedient es sich am Repertoire der örtlichen Bauformen und -materialien. Gleichzeitig sucht es aber auch den Kontrast zu diesen, wodurch sich das Bauwerk einer Einordnung in sonst übliche Typologien entzieht. Von Bedeutung für die Erscheinung ist die besondere Einbettung des Bauvolumens. Zwei parallel zueinanderstehende Stützmauern definieren zunächst die ebene Baufläche. Sie werden südseitig um eine geschwungene Wand ergänzt, die sich in den Hang gräbt und den Grundstücksgrenzen folgt. Auf der U-Form der dunkel lasierten monolithischen Sichtbetonwände liegt partiell das Dach auf – eine um eine Giebelwand aus Beton ergänzte Holzkonstruktion, unter der sich die minimierten Schlafräume befinden. Die mit Kupfer gedeckte Dachfläche schleppt sich auf der Südseite ab und bildet eine windgeschützte Loggia, über die man das Gebäude auch betreten kann. Der zentrale Wohnraum, gefasst durch zwei 55 cm dicke Wände aus Dämmbeton, spannt sich zwischen der zur Berglandschaft orientierten Loggia und dem durch die Stützmauer weich geschwungenen, introvertierten Patio. Diese beiden Bereiche sind vollständig verglast und öffnen sich dadurch zum Außenraum hin. Im Wohnbereich selbst gehen die Funktionen wie Kochen, Essen und Wohnen offen ineinander über. Einer der Fixpunkte ist die zum Verweilen einladende Feuerstelle.

Architekten: Morger + Dettli, Basel
Bauherr: privat
Tragwerksplanung: Conzett Bronzini Gartmann, Chur
Fertigstellung: 2009
Funktion: Ferienhaus

The Trancauna House lies at the boundary between the village structure of Lumbrein and the still very agriculturally shaped region of Lumnezia, a side valley of the Anterior Rhine in the Surselva Valley. The only temporarily used building highlights its placement at the transition. For this purpose, it draws on the repertoire of the local building forms and materials. At the same time, it also seeks a contrast to them, whereby the building avoids categorisation into otherwise common typologies. What is important for its appearance is the special embedding of the building volume. Two parallel supporting walls at first define the level building plot. These are supplemented, on the southern side, by a curved wall, which is dug into the slope and follows the plot boundaries. The roof partially rests on the U-shape of the dark varnished, monolithic exposed concrete walls – a timber structure supplemented by a concrete gable wall, below which the minimised bedrooms are located. The copper-clad roof area slopes on the southern side, forming a wind-protected loggia, through which the building can also be accessed. The central living area, enclosed by two 55-cm-thick walls of insulating concrete, extends between the loggia oriented towards the mountain landscape and the introverted patio that gently curves due to the supporting wall. These two areas are fully glazed, and thus open up towards the outside space. In the living area itself, functions such as cooking, dining, and living openly merge with each other. One of the points of focus is the fireplace, inviting people to linger.

Architects: Morger + Dettli, Basel
Client: private
Structural engineering: Conzett Bronzini Gartmann, Chur
Completion: 2009
Function: Holiday home

Schnitte/Grundrisse
Maßstab 1:300
1 Eingang/Loggia
2 Küche/Essen
3 Feuerstelle
4 Sitzen
5 Patio
6 Schlafen

Sections/Floor plans
Scale 1:300
1 Entrance/Loggia
2 Kitchen/Dining
3 Fireplace
4 Seating
5 Patio
6 Sleeping

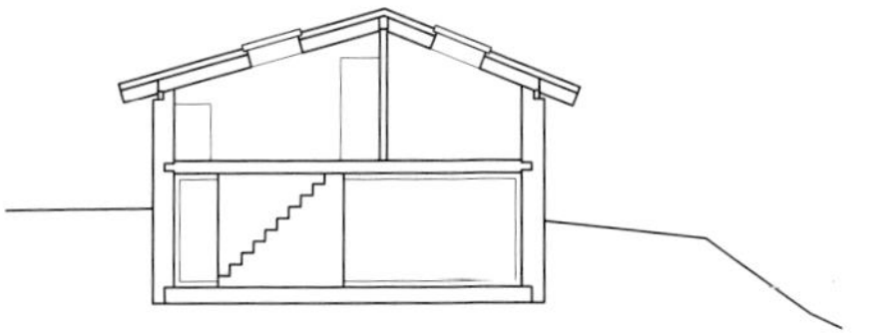

aa

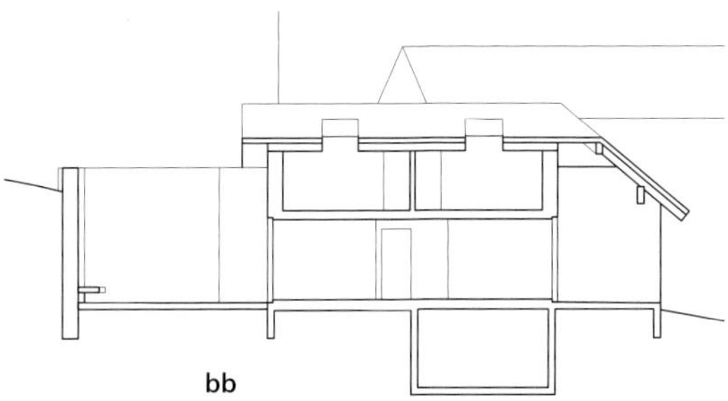

bb

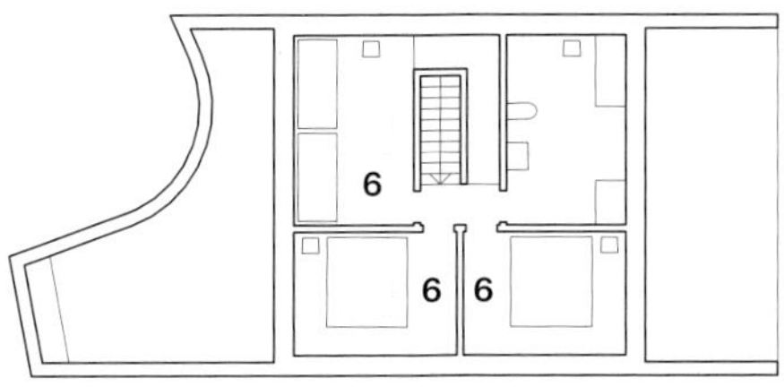

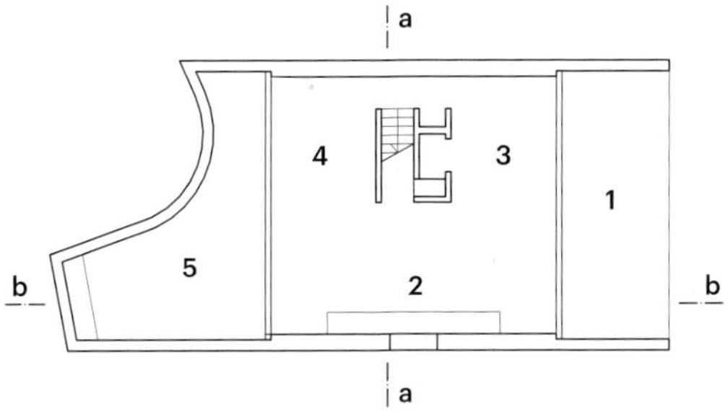

Erweiterung Alter Torkel

Extension Alter Torkel

HAUS DES BÜNDNER WEINS, JENINS

Das Bündner Rheintal gehört mit rund 350 Hektar Anbaufläche zu den kleinsten Weinbaugebieten der Schweiz. Die lokalen Weinbauern haben sich in einer zentralen Vermarktungsgesellschaft zusammengetan. Diese betreibt das „Haus des Bündner Weins" als Begegnungsstätte, in der Degustationen und kleine Veranstaltungen rund um den Wein stattfinden. Eine Gastronomie ergänzt das Angebot, dort werden die Produkte der Mitglieder ausgeschenkt. Aufgrund der Vielzahl von Veranstaltungen, aber auch gewachsener Ansprüche wurde das historische Gebäude des ehemaligen Kelters – auch „Alter Torkel" genannt – behutsam saniert und durch einen Erweiterungsbau ergänzt. Dieser schließt direkt an den Bestand an und verschmilzt mit diesem auf natürliche Art und Weise. Zusätzlich springt der Neubau auf der Straßenseite leicht zurück und bildet einen kleinen einladenden Vorplatz, von dem eine Treppe zur Außengastronomie führt. Wichtiges Element der Erweiterung ist ein multifunktionaler Raum, den der Gast ebenfalls vom neuen Vorplatz betreten kann. Als Kontrast zur Fassade aus gestocktem Beton ist dieser – analog zu einem Weinfass – mit massivem Eichenholz ausgekleidet. Mit wenigen Handgriffen lässt er sich verwandeln, sodass in ihm kleine Ausstellungen, Vorträge oder Degustationen stattfinden können. Mit der Erweiterung des Hauses wurde die historische Substanz nicht nur ertüchtigt, sondern um eine weitere Zeitschicht bereichert. Alle Elemente fügen sich zu einem neuen Ensemble inmitten der Weinberge, von dem sich die umgebende Kulturlandschaft in all ihren Facetten erleben lässt.

The Grisons Rhine Valley, with its approximately 350 hectares of farmland, is one of the smallest wine-growing regions of Switzerland. The local winegrowers have grouped themselves together into a central marketing company. It operates the "Haus des Bündner Weins" ["House of the Grisons Wine"] as a meeting place, where wine tasting, and small events about the topic of wine take place. The range of offers is rounded off by a restaurant where the products of the members are served. Due to the large number of events but also increased demands, the historical building of the former wine press – also known as "Alter Torkel" – was carefully renovated and supplemented by an extension, which directly adjoins the building stock and merges with it in a natural way. Additionally, the new building is gently recessed on the side of the road, forming a small, inviting forecourt, from where a stair leads to the outdoor restaurant. An important element of the extension is a multifunctional space, which guests can likewise access from the new forecourt. As a contrast to the facade made of bush-hammered concrete, it is clad in solid oak wood, similar to a wine barrel, and can be easily transformed, so that small exhibitions, lectures, or wine tastings can take place. The extension of the building has not only reinvigorated the historical building stock but also enriched it by another layer of time. All elements join to form a new ensemble in the midst of the vineyards, from which the surrounding cultural landscape can be experienced in all its facets.

Architekten: Pablo Horváth, Chur
Bauherr: GraubündenWein, Fläsch
Tragwerksplanung: Liesch Ingenieure, Chur
Fertigstellung: 2015
Funktion: Gastronomiegebäude

Architects: Pablo Horváth, Chur
Client: GraubündenWein, Fläsch
Structural engineering: Liesch Ingenieure, Chur
Completion: 2015
Function: Gastronomy building

Schnitte/Grundriss
Maßstab 1:400
1 Vorplatz
2 Eingang
3 Mehrzweckraum
4 Galerie
5 Luftraum Alter Torkel
6 Pergola
7 Terrasse

Sections/Floor plan
Scale 1:400
1 Forecourt
2 Entrance
3 Multipurpose space
4 Gallery
5 Void "Alter Torkel"
6 Pergola
7 Terrace

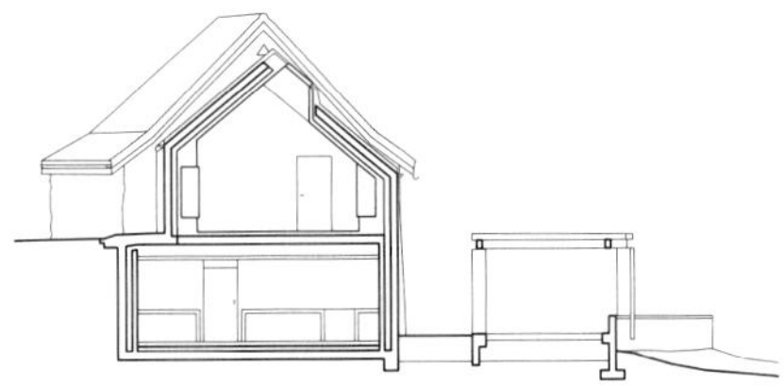

aa

bb

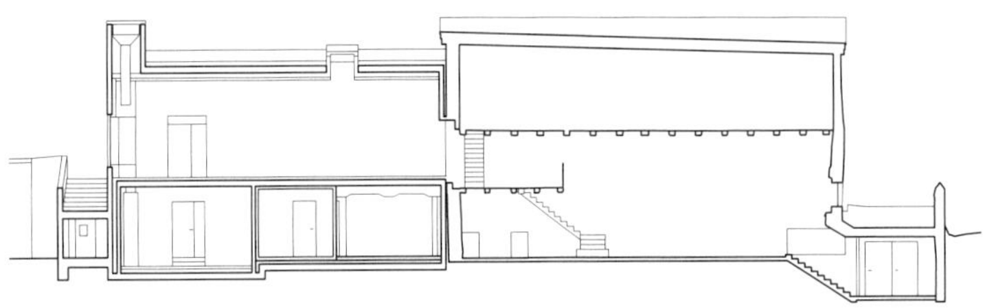

cc

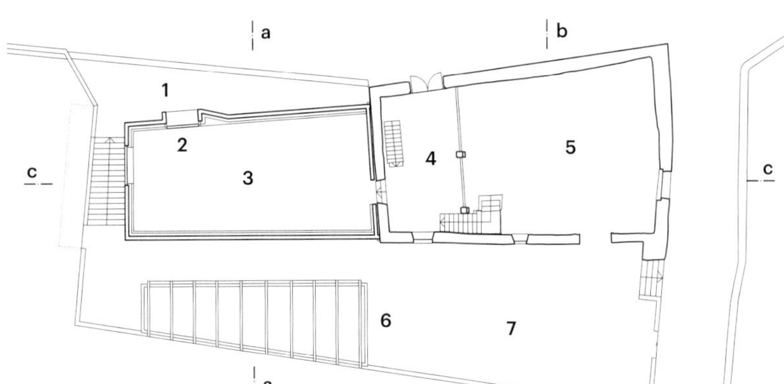

Das selbstreferenzielle Haus

The Self-referential House

Der Schweizerische Nationalpark ist der älteste Nationalpark Mitteleuropas. Das Besucherzentrum in Zernez bietet Informationen über Flora und Fauna und ist gleichzeitig Ausgangspunkt für Touren in die geschützte Natur. Das 2008 fertiggestellte Bauwerk ging aus einem Wettbewerb hervor. Ursprünglich in direktem Umfeld zum örtlichen Schloss gelegen, musste der Standort nach baurechtlichem Widerstand auf das jetzige Grundstück verlegt werden. Hier hebt sich das dreigeschossige Bauwerk eigenständig von seiner Umgebung ab und scheint sich nur auf sich selbst und die universelle Kraft der klassischen Formgebung zu beziehen. Ausgehend von diesem Ansatz wurde auf grundlegende Aspekte wie die Tektonik, das Verhältnis der Proportionen oder der Wechsel von Symmetrie zu Asymmetrie besonders viel Wert gelegt. Das Gebäude ruht auf einem schlanken Sockel, der die leichten Höhenunterschiede des Areals ausgleicht und zusätzlich die nach außen monolithische Wirkung des Hauses unterstützt. Um das Bauwerk in diesem Sinne weiter wie aus einem Guss erscheinen zu lassen, kam im Bereich der Außenwände 55 cm starker Dämmbeton zum Einsatz, für die Böden polierter Terrazzo. Das Bauvolumen wird durch zwei identische Kuben bestimmt, die mittig ineinandergesteckt sind. Im Bereich der Schnittmenge beider Körper befindet sich die zentrale Treppenanlage, die den Besucher, ausgehend vom Foyer und der Fläche für Wechselausstellungen, auf einen immer wieder überraschenden Gang durch die vier Ausstellungsräume führt. Diese gleichen sich in Größe und Erscheinung, wirken aber aufgrund des unterschiedlichen Zugangs und der verschiedenen Blickbeziehungen immer wieder neuartig.

The Swiss National Park is the oldest national park in Central Europe. The visitor centre in Zernez offers information on the flora and fauna and simultaneously forms the starting point for tours into protected nature. The building, completed in 2008, was the result of a competition. Originally located in the direct vicinity of the local castle, the location had to be transferred to the current plot due to building law-related resistance. Here, the three-storey building stands out from its surroundings and seems to only refer to itself and the universal power of the classic design. Starting from this approach, special importance was attached to basic aspects such as the tectonics, the relationship of proportions, or the change from symmetry to asymmetry. The building rests on a slender plinth, which balances out the gentle height differences of the plot, while additionally supporting the monolithic external appearance of the building. In order to enhance the impression of a building made of one piece, 55-cm-thick insulating concrete was applied in the area of the external walls, while polished terrazzo was used for the floors. The building volume is defined by two identical cubes, which interlock in the middle. The area of intersection between both structures accommodates the central staircase, which – starting from the foyer and the area for the temporary exhibitions – leads visitors on a repeatedly surprising path across the four exhibition spaces. Though they resemble each other in size and appearance, their different access and the various visual relationships make them always appear new.

Architekten: Valerio Olgiati, Flims
Bauherr: Stiftung Schweizerischer Nationalpark, Bern
Tragwerksplanung: Jon Andrea Könz, Zernez;
Dr. Schwartz Consulting, Zug
Fertigstellung: 2008
Funktion: Besucherzentrum

Architects: Valerio Olgiati, Flims
Client: Stiftung Schweizerischer Nationalpark, Bern
Structural engineering: Jon Andrea Könz, Zernez;
Dr. Schwartz Consulting, Zug
Completion: 2008
Function: Visitor centre

Grundrisse / Schnitt	Floor plans / Section
Maßstab 1:500	Scale 1:500
1 Vorplatz	1 Forecourt
2 Eingang überdacht	2 Entrance, covered
3 Foyer / Buchshop	3 Foyer / Bookshop
4 Kasse	4 Cashpoint
5 Wechselausstellung	5 Temporary exhibition
6 Dauerausstellung	6 Permanent exhibition

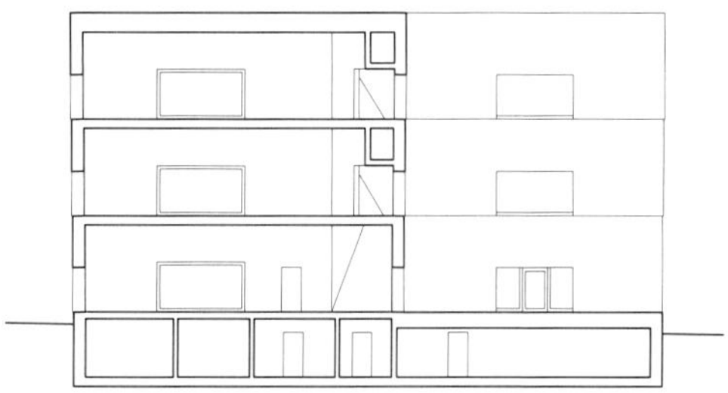

aa

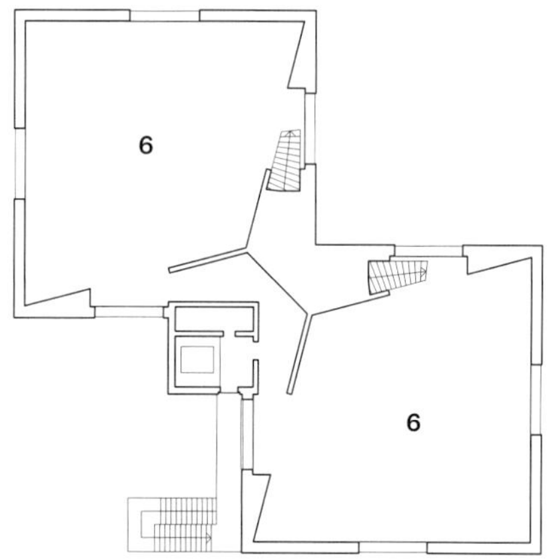

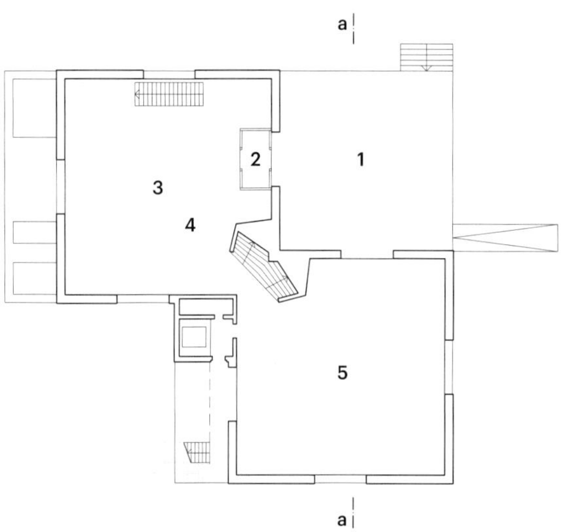

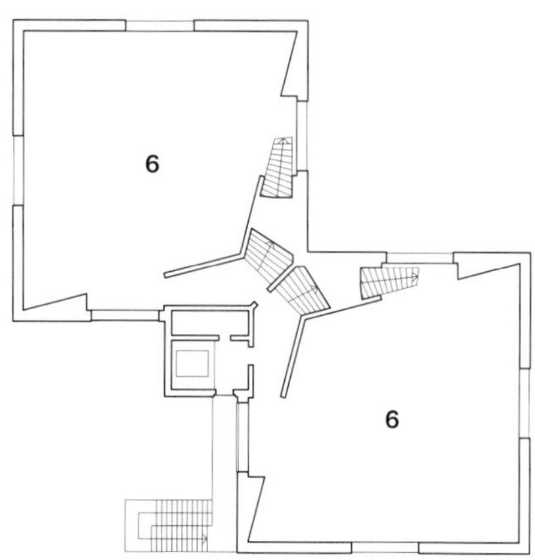

Beton in Graubünden

Concrete in Grisons

Andrea Deplazes

Mehr als die Vergangenheit interessiert mich die Zukunft, denn in ihr gedenke ich zu leben.
(Albert Einstein)

ARDEZ: ARCHITEKTUR

Beton vermag Menschen in Rage zu versetzen wie kein anderes Baumaterial, vor allem, wenn er sichtbar ist. Handelt es sich um einen unfertigen Rohbau? Ist es sein kalter Grauton, der provoziert? Wenn das Haus kompakt gebaut und gerade hinreichend mit Fenstern bestückt ist, muss es sich wohl um einen „Bunker" handeln. Diese zeichnen sich aber durch massivste Betonmauern aus und sind fensterlos. Oder man zieht andere „Vorbilder" zurate: In Ardez muss es sich wohl zwangsläufig um die zeitgenössische Version des Engadiner Hauses handeln, das traditionelle Lochöffnungen mit Trichterleibungen und große Bogenöffnungen aufweist.
So oder ähnlich verlaufen die gängigen Erklärungsmuster der aktuellen Architekturdiskussion in Graubünden: Entweder handelt es sich um einen Bezug auf die bauliche Tradition, um die Fortsetzung der Geschichte oder um Transformationen davon. Oder aber um etwas ganz anderes, denn auch in Graubünden hat die Zersiedelung ihr zerstörerisches Werk getan und Agglomerationen erzeugt, die weder zur lokalen Architektur in einem Verhältnis stehen, noch zur Kulturlandschaft, noch zu gewachsenen Siedlungen von Dörfern oder Städten. Sie sind austauschbar, aber leider nicht belanglos.
Ein drittes Themenfeld könnte mehr interessieren, nämlich: ob es eine eigenständige Betonarchitektur gibt in Graubünden. Eine, die ausschließlich in Beton gebaut wird und durch keine andere Bauweise restituiert werden könnte? Zugegeben, es wird schwierig sein, die genauen Grenzen hierfür zu ziehen – der Versuch lohnt trotzdem. Das Haus in Ardez ist in „Sichtbeton" gegossen, jedes einzelne gesägte Brett der dafür verwendeten Holzschalungen hinterließ seinen Abdruck. Es ist, wenn schon, für das Auge ein versteinertes Holzhaus. Es ist aber vor allem eine Investition in die Zukunft. So, wie man einen jungen Baum pflanzt, um ihm dann ausreichend Zeit zu geben, damit er groß wird und einen Ort und Raum unter seiner Krone schafft. Das Haus in Ardez ist ein Gartenhaus, das frisch aus seiner Schalung geschlüpft ist: Die Apfel- und Kirschbäumchen in den mauergefassten Gärten werden in zehn Jahren schattenspendende Schirme bilden und ihre Kronen verheißungsvoll über die Mauern lugen. Die rauen, gerippten Betonfassaden bieten Kletterpflanzen besten Halt, sodass sie mit Efeu, Glyzinien und anderem Gewächs überzogen sein werden – das hält langfristig keine „Kompaktfassade" aus, wie sie bei den Pseudo-Engadinerhäusern heute zum Einsatz kommt. Das Haus ist ein „Inkubator", es wird zu einem Ort im ausfransenden Neubaugebiet von Ardez heranreifen, es wird Bestand beweisen, an das Betonhaus darf angebaut werden. Das ist Architektur.

UNTERVAZ: PRODUKTION

In Untervaz nahe der Kantonshauptstadt Chur steht ein Betonwerk. Es gehört zur LafargeHolcim Gruppe, einem der weltgrößten Betonhersteller. Die für die Zement- und Betonproduktion benötigten Ingredienzien wie Mergel, Kalk, Gips, Sand und Kies können vor Ort abgebaut werden, daher der Standort. Dieses Werk, bei Weitem nicht das größte, wurde kürzlich von der LafargeHolcim Gruppe als ihr bestes firmenintern mit dem ersten Preis ausgezeichnet hinsichtlich seiner Effizienz und seinem Anspruch auf eine nachhaltige Produktion. So ungefähr lautete die Berichterstattung in der Tagespresse. Kurz darauf wurde in einer anderen, davon unabhängigen Pressemitteilung festgestellt, dass die größten Kohlendioxidemissionen in Graubünden durch das Betonwerk in Untervaz verursacht werden, gefolgt von der Tourismusbranche und ihren Schneekanonen, den Haushalten und dem Individualverkehr. Offenbar ist es alles andere als einfach, die Zement- und Betonproduktion nicht nur relativ, sondern tatsächlich im Sinne des Begriffs nachhaltig zu trimmen.
Die LafargeHolcim Gruppe scheint dieses Problem allerdings vor längerer Zeit erkannt zu haben: Sie hat die LafargeHolcim Foundation gegründet, die nachhaltige Projekte weltweit in allen Phasen der Planung und in allen Bereichen der Bauproduktion initiiert, unterstützt oder durchführt. Natürlich ist das ein Kompensationsgeschäft, bei dem am Ende des Tages und unter dem Strich die Frage steht, ob die weltweit anfallenden Kohlendioxidemissionen der Zement- und Betonproduktion

I'm more interested in the future than in the past, because the future is where I intend to live.[1]
(Albert Einstein)

ARDEZ: ARCHITECTURE

Concrete is able to get people's blood up like no other construction material, especially when it is exposed. Is it about an unfinished building shell? Is it its cold grey tone that provokes? If the building is built compactly and just sufficiently equipped with windows, it must surely be a "bunker". These are, however, characterised by the most massive concrete walls and have no windows. Or one consults other "role models": in Ardez, it must inevitably be about the contemporary version of the Engadine House, which has traditional hole openings with funnel-like reveals and large arch openings.
In this or a similar way are the common explanation patterns of the current architectural discussion in Grisons constituted: either a reference to the built tradition is made, or it's about continuation of history or its transformations – or about something entirely different, since in Grisons, too, urban sprawl has done its destructive deed and created agglomerations that neither stand in a relationship to the local architecture, nor to the cultural landscape or to evolved settlements of villages and cities. They are replaceable but unfortunately not trivial.
A third topic could be more interesting, namely whether there exists an independent concrete architecture in Grisons, one that is exclusively built in concrete and could not be restituted by any other construction method? Admittedly, it may be difficult to draw precise boundaries for this purpose – the attempt is nevertheless worth it. The building in Ardez has been poured in "exposed concrete", every single sawn board for its timber formwork left its imprint. For the beholder, it is, if at all, a timber building turned into stone. Above all, however, it is an investment for the future, similar to planting a young tree, to give it sufficient time for it to become large and create a place and space below its crown. The building in Ardez is a garden house, which has freshly hatched from out of its formwork: the little apple and cherry trees in the wall-enclosed gardens will form shade-giving umbrellas in ten years, as their crowns enticingly peep over the walls. The rough, ribbed concrete facades provide the best support for climbing plants, so that they will be covered in ivy, wisteria, and other plants – no "composite facade" is able to withstand this in the long term, as applied in the pseudo-Engadine houses today. The house is an "incubator", it will mature into a place in the fraying new development area of Ardez, it will prove its continuance, additions to the concrete building are allowed. This is architecture.

UNTERVAZ: PRODUCTION

In Untervaz, close to the cantonal capital Chur, stands a concrete factory. It belongs to the LafargeHolcim Group, one of the world's largest concrete producers. The ingredients required for the cement and concrete production, such as marl, lime, gypsum, sand, and gravel can be quarried locally, hence the location. This factory, by far not the largest one, was recently awarded the in-house first prize by the LafargeHolcim Group as being its best with respect to its efficiency and aspiration for sustainable production. This is more or less how the daily press covered it. Shortly thereafter, another, independent press release stated that the highest carbon dioxide emissions in Grisons were being caused by the concrete factory in Untervaz, followed by the tourism industry and its snow cannons, the households, and private transport. Apparently, it is far from easy to trim cement and concrete production not only relatively but actually sustainable in the true sense of the word.
The LafargeHolcim Group, however, seems to have recognised this problem a long while ago: it set up the LafargeHolcim Foundation, which initiates, supports, or implements sustainable projects in all planning phases and areas of construction output around the world. Naturally, this is a compensation deal, which, all things considered, raises the question of whether the globally accruing carbon dioxide emissions of cement and concrete production could be equalised by the efforts of the Foundation to avoid these emissions by supporting sustainable projects, including, for example, the New Monte Rosa Hut (p. 141) or the DFAB House (p. 144). The New Monte Rosa Hut is such a project, which was developed in the ETH Studio Monte Rosa in 2003–2005 and was able to be realised by the financial support of Holcim in

Der Neue Monte Rosa Hütte: Das Gebäude ist ein digital produzierter Holzbau und wurde unter widrigen Umständen auf beinahe 3000 m Höhe errichtet.

The New Monte Rosa Hut: the building is a digitally produced timber structure, and was built under adverse conditions at an altitude of almost 3,000 m.

Linke Seite:
Das Haus in Ardez: Seine robuste Mauern aus Sichtbeton sind eine Investition in die Zukunft.

Opposite:
The house in Ardez: its robust walls of exposed concrete are an investment for the future.

durch die Anstrengungen der Foundation in der Vermeidung ebensolcher Emissionen durch Förderung nachhaltiger Projekte egalisiert werden können. Beispiele für geförderte Projekte sind die Neue Monte Rosa Hütte (Abb. S. 141) oder das DFAB House (Abb. S. 144). Die Neue Monte Rosa Hütte wurde im ETH-Studio Monte Rosa 2003–2005 entwickelt, der Bau konnte durch finanzielle Unterstützung der Holcim Foundation 2007/08 realisiert werden. Bis auf die Gründung ist das Gebäude ein digital produzierter Holzbau, der sich im Betrieb zu 90% autark selbst versorgt, die fehlenden 10% betreffen die Anlieferung von Lebensmitteln und die Abführung von Feststoffabfällen.

DÜBENDORF: FORSCHUNG

Das DFAB House, ein 1:1-Forschungsprojekt der ETH Zürich, ist das erste, vollständig digital geplante und gefertigte Wohnhaus aus dem Institut für Technologie in der Architektur ITA. Es wurde vor Kurzem auf dem Gelände der EMPA in Dübendorf gebaut. Zum Thema Beton wurden dabei in den Bereichen Materialmischung, Formgebung und Bewehrung interessante Ergebnisse erzielt, wie zum Beispiel vorfabrizierte, dünnschichtige und tragfeste Deckenelemente, die im Sandgussverfahren hergestellt wurden. Oder dünnwandige, frei gekrümmte Tragschalen, bei denen Roboter die Bewehrung in der gewünschten Abwicklung und Form zusammenschweißen und die dann mit Beton beschichtet werden, sodass auf eine Betonschalung verzichtet werden kann. Hier geht es hauptsächlich um die Einsparung von überflüssigem Material, sprich Beton, und damit um die Reduktion des CO_2-Eintrags in das Gebäude. Den selbstverdichtenden, pumpfähigen, faserverstärkten Beton kennen wir bereits. Er erlaubt es ebenfalls, dünnwandige Elemente herzustellen, allerdings nur mithilfe einer äußerst stabil zusammengebauten Schalung, die den gewaltigen Druckbelastungen während des Betonierens standhalten muss. Außerdem sind diese Betone am End-of-Life kaum sortenrein trennbar. Andere Forschungen zielen darauf ab, den Schalungsaufwand zu minimieren, indem die Bewehrung durch Stahl-, Glas- oder Kunststofffasern ersetzt wird, die direkt der Betonmischung zugefügt werden, sodass sich diese mit großen Betonplottern Schicht um Schicht horizontal und ohne Schalung drucken lassen. Die so produzierten Wände sehen momentan aus wie versteinerte Rundholzwände von Strickbauten. Sie sind ausschließlich auf Druck belastbar und büßen somit die gerade für den Stahlbetonbau so charakteristische Eigenschaft der monolithischen Verbindung zwischen Decke und Wand ein – und damit die Voraussetzungen zur Scheibentektonik.
Eine andere, beinah drollige Variante ist der Roboter als perfekter Handlanger, der stets zwei Paletten in der richtigen räumlichen Position bereithält, sodass es möglich ist, mit einem formstabilen Beton von richtiger Konsistenz Abschnitt um Abschnitt im Gleitschalungsverfahren zu betonieren. Oder es können mit einer schlauchartigen, verformbaren Schalung lineare Stützenelemente gegossen werden, deren Querschnitt und Form der Roboter beim Durchziehen in gewünschter Weise verformt und variiert. Selbstverständlich sucht man auch nach Kombinationen verschiedener Verfahren, zum Beispiel den Betondrucker, der beim Plotten sogleich zwei Gleitschalungen nachzieht, sodass die Betonoberfläche kultiviert und auf „Sichtbeton" getrimmt werden kann.
Während die eine generelle Stoßrichtung in der Betonforschung also auf die Einsparung von möglichst viel Beton mittels dünnwandiger Elemente abzielt, die Teil des inneren Tragwerks oder der äußeren, vorgehängten Fassadenbekleidung werden, will die andere Stoßrichtung die festen Bestandteile der Betonmischung durch poröse, dämmfähige Materialien ersetzen. Die Fassade besteht dann aus einer einzigen dicken Schicht, scheinbar aus Beton, die sowohl genügend Tragfestigkeit als auch Dämmfähigkeit aufweist. Diese dämmfähigen und druckfesten Ersatzstoffe können Schaumglas, Blähton oder andere geeignete, poröse Materialien sein. Doch auch wenn zum Beispiel Altglas wiederverwertet und daraus Schaumglas gewonnen werden kann, so ist dieser Verarbeitungsschritt wiederum energieaufwendig und emissionsintensiv.
Wir haben bereits 2001 ein solches Haus aus sogenanntem Konstruktionssichtdämmbeton gebaut, das Haus Meuli in Fläsch (Abb. S. 145). Äußerlich erscheint es wegen des Abdrucks der Bretterschalung in der dünnen Zementmilch einmal mehr als versteinertes Holzhaus, materiell jedoch ist es ein „Glashaus" aus geschäumtem

2007–2008. With the exception of the foundation, the building is a digitally produced timber structure, which supplies itself self-sufficiently up to a degree of 90% during operation, while the remaining 10% pertain to the delivery of foodstuffs and the disposal of solid waste.

DÜBENDORF: RESEARCH

The DFAB House, a full-scale research project of the ETH Zurich, is the first entirely digitally planned and produced residential building of the Institut für Technologie in der Architektur ITA, which was only recently built on the premises of the EMPA in Dübendorf. On the topic of concrete, interesting results were achieved here in the areas of material mixture, shaping, and reinforcement, such as prefabricated, thin-layered and load-bearing ceiling elements, which were produced in a sand casting process, or thin-walled, freely curved load-bearing shells, where robots weld together the reinforcement in the desired winding and shape, and which is then coated in concrete, so that a concrete formwork can be dispensed with. Here, it's mainly about saving superfluous material, i.e. concrete, and hence reducing the CO_2 input in the building. We are already familiar with self-compacting, pumpable, fibre-reinforced concrete. It likewise permits the creation of thin-walled elements, though only with the help of extremely sturdily assembled formwork, which has to withstand the tremendous compressive loads while the concrete is being poured. Moreover, these types of concrete can hardly be separated in a correctly sorted manner at the end-of-life. Other research aims at minimising formwork complexity by replacing the reinforcement with fibres made of steel, glass, or plastic, which are directly added to the concrete mix so that it can be printed horizontally layer by layer and without formwork, using large concrete plotters. The thus produced walls currently look like round-timber walls of log buildings turned into stone. They can exclusively absorb compressive loads, and thus lose the capacity, so characteristic especially for reinforced concrete construction, of a monolithic connection between the ceiling and the wall – and hence the prerequisites for disc tectonics.

Another, almost droll variant is the robot as the perfect handyman, that always holds two pallets ready in the correct spatial position so that a concrete, stable in form and with the right consistency, can be poured in segments in a sliding formwork procedure. Or linear column elements can be poured using tubular, deformable formwork, whose cross section and shape is deformed and varied in the desired manner as the robot passes through.

Naturally, one also looks for combinations of various procedures, such as the concrete printer, which immediately pulls up two sliding forms during plotting, so that the concrete surface can be trimmed in a cultivated manner to create "exposed concrete".

While one of the general thrusts within the field of concrete research thus aims at saving as much concrete as possible using thin-walled elements, which become part of the inner support structure or the external, curtain-wall facade cladding, the other intends to replace the solid components of the concrete mix with porous, insulation-capable materials. The facade then consists of a single, thick layer, seemingly of concrete, which has both sufficient load-bearing strength and insulation capability. These insulation-capable and compression-proof alternative materials can be foam glass, expanded clay, or other suitable, porous materials. However, even if waste glass, for example, can be recycled to make foam glass, this processing step is, in turn, energy-consuming and emission-intensive.

We already built such a building in 2001, made of so-called constructional exposed insulating concrete, namely the Haus Meuli in Fläsch (p. 145). Externally, due to the imprint of the formwork boards in the thin grout wash, it once again appears as a timber building turned into stone, though in material terms, it is a "glasshouse" made of foamed, recycled glass. What was, of course, very interesting for us architects in design terms, was the straightforwardness of a wall thickness of 60 cm, as required for the insulation performance. Ever since the energy standards in Switzerland were, however, further tightened, the research and practice relating to exposed insulating concrete seems to have died down somewhat. The resulting wall thicknesses of 80 centimetres and more are either too expensive or displace too much floor space inside.

Das DFAB House in Dübendorf: Im Forschungsprojekt der ETH Zürich und der EMPA werden neuartige Technologien erprobt. Im Bereich der Betontechnologie wurden dünnwandige, vorfabrizierte Decken in einem Sandgussverfahren entwickelt.

The DFAB House in Dübendorf: the research project of the ETH Zurich and the EMPA tests new technologies. In the field of concrete technology, thin-walled, prefabricated ceilings were developed in a sand casting procedure.

**Rechte Seite:
Das Wohnhaus Meuli in Fläsch: Eine 60 cm dicke Außenfassade aus Dämmbeton schützt das Haus vor der Witterung. Neben der reinen Dämmleistung bieten die monolithischen Wände auch hohes gestalterisches Potenzial.**

Opposite:
The residential building Meuli in Fläsch: a 60-cm-thick external facade made of insulating concrete provides weather protection for the house. Apart from the actual insulation capacity, the monolithic walls also offer great artistic potential.

Recyclingglas. Uns Architekten hat natürlich die Direktheit der für die Dämmleistung notwendigen Mauerstärke von 60 cm gestalterisch sehr interessiert. Seit die Energienormen in der Schweiz allerdings weiter verschärft worden sind, ist es in der Forschung und in der Praxis etwas stiller geworden um den Sichtdämmbeton. Die resultierenden Mauerstärken von 80 cm und mehr sind entweder zu teuer oder verdrängen zu viel Nutzfläche im Inneren.

NOWHERE – NOW HERE: PRAXIS

Dass anspruchsvolle Architekten gute Botschafter sind für den gehobenen Betonbau, weil sie seine Ausdruckskraft und Vielfältigkeit schätzen, ist der Betonindustrie bestens bekannt und wird auch zielstrebig für die Imagepflege genutzt – auch Architekten schätzen diese Aufmerksamkeit. Das kann aber nicht darüber hinwegtäuschen, dass Beton ein Allerweltsmaterial und Bauen mit Stahlbeton eine Allerweltsbautechnik geworden ist.
Auf allen Kontinenten unserer Welt sind sämtliche indigenen oder andere Baukulturen durch die Wucht der Industrialisierung und der umfassenden Rationalisierung der Bauproduktion verdrängt oder marginalisiert worden. Die Betonbauweise ist nicht allein, aber leider doch schwergewichtig dafür verantwortlich. Hier braucht es auch keine Architekten mehr, denn Bauindustrie und ökonomischer Pragmatismus haben das Ruder übernommen. Jenseits der 10% anspruchsvollen Architekturschaffens befinden wir uns entweder auf dem gigantischen Feld des Immobilienmarkts, wo Mehrwert lediglich ökonomische Wertsteigerung bedeutet, oder auf dem Markt des informellen, kostengünstigen Selbstbaus. Beide globalen Märkte bedienen sich derselben Betonbautechniken – mal etwas mehr oder weniger raffiniert durchorganisiert. Das verspricht weder ökologischen noch kulturellen Mehrwert noch Nachhaltigkeit, geschweige denn berücksichtigt diese Art zu bauen traditionelle Aspekte, Materialien oder lokale Zusammenhänge. Man kann das eindrücklich in Kairo beobachten, wo sechs- bis achtgeschossige informelle Wohnhäuser entstehen dank Stützen-Platten-Strukturen in Stahlbeton, die anschließend mit Mauerwerk ausgefacht werden. Die gleichen Strukturen finden sich in China, in Russland, in Südamerika, in Europa ... bei uns in der Schweiz, auch in Graubünden. Stützen-Platten-Strukturen aus Stahlbeton mit stabilisierenden Vertikalkernen sind zum „building code“ für das Bauen schlechthin geworden. Le Corbusier hatte die Auswirkungen dieser Betonbautechnik auf die Architektur schon früh erkannt und zu den Vorzügen seines Systems Dom-Ino gemacht, das als Fünf-Punkte-Programm auch die intellektuelle Architekturproduktion seither geprägt hat wie wenig andere – das ist jetzt allerdings 100 Jahre her. Dazu gehören der freie Grundriss und die freie (nicht tragende) Fassade. Der freie Grundriss meint die Entkoppelung der Struktur von der konkreten Nutzung des Gebäudes und lässt entstehen, was unter dem Begriff „das programmlose Haus“ zu verstehen ist: In einer Stützen-Platten-Struktur ist jede Nutzung denkbar und räumlich organisierbar, Wohnungen, Büros, Hotel – oder Schulzimmer etc. Die freie Fassade trägt nicht, aber umhüllt schützend, meist in Form einer gläsernen Vorhangfassade – heute auf dem neuesten Stand der Glasfassadentechnologie, wie sie damals vor 100 Jahren bahnbrechend neu von Mies van der Rohe für ein Hochhaus an der Friedrichstraße in Berlin 1921 noch erträumt worden war. Das zur Zeit höchste Glashaus, der Burj Khalifa, steht – ungeachtet der klimatischen Verhältnisse – in Dubai, der sengenden Wüstensonne und schmirgelnden Sandstürmen ausgesetzt. Zu betreiben ist solch ein Glashaus nur, indem tonnenweise Erdöl zur Kühlung der Innenräume verbrannt wird. Gebäude dieser Art dienen als Statussymbole der ersten Welt und repräsentieren exakt die globale Architekturproduktion in Dubai, Singapore, Moskau, Madrid, Shanghai, Houston, Hongkong etc.
Aus dem International Style ist eine Art Formel-1-Architektur geworden, deren architektonische Haltung austauschbar ist, genauso wie die fundamentalen Problemstellungen, auf denen sie basiert: Zum grauen CO_2-Eintrag der Beton- und Bauproduktion gesellt sich der CO_2-Output des Gebäudebetriebs. Wobei sich letzterer über die gesamte Lebensdauer des Gebäudes verschärft, weil die Technik zwangsläufig veraltet.
Wie man es auch dreht, man kommt nicht um die Frage herum, ob nach 100 Jahren vorgespurter Standards, die aus dem fossilen 20. Jahrhundert stammen, nicht eine fundamentale Überarbeitung des „building code“ angezeigt wäre. Muss sich

NOWHERE – NOW HERE: PRACTICE

That sophisticated architects are good ambassadors for upscale concrete construction, since they appreciate its expressiveness and diversity, is very well-known to the concrete industry and is also purposefully used for image cultivation – architects, too, appreciate this attention. This can, however, not belie that concrete has become a common material and constructing with reinforced concrete has turned into an common building technology. On all continents of the world, all indigenous or other building cultures have been displaced or marginalised by the impact of industrialisation and the comprehensive rationalisation of construction output. Though concrete construction is not responsible for this alone, it is unfortunately to a large extent. And architects are no longer needed here since the construction industry and economic pragmatism have taken over the helm. Beyond the 10% share of sophisticated architectural practice, we find ourselves either in the huge field of the real estate market where added value merely means an economic increase in value, or in the market of informal, cost-efficient self-construction. Both global markets make use of the same concrete construction techniques – organised in a sometimes more and sometimes less sophisticated way. This promises neither an added ecological nor cultural value, nor sustainability, not to speak of this type of construction's lack of consideration for traditional aspects, materials, or local relationships. This can be impressively observed in Cairo, where six- to eight-storey, informal residential buildings are being built, thanks to column-slab structures made of reinforced concrete, which are subsequently filled in with masonry. The same structures are found in China, Russia, South America, Europe ... in Switzerland, in Grisons, too. Column-slab structures made of reinforced concrete and with stabilising vertical cores have become the "building code" par excellence for construction. Le Corbusier recognised the effects of this concrete construction technology on architecture early, turning them into the advantages of his "System Domino", which has since also shaped intellectual architecture production in the form of a 5-point programme as few others have – though this now lies 100 years in the past. This includes "the open floor plan" and the "free (non-load-bearing) facade". The open floor plan designates the decoupling of the structure from the actual use of the building, creating what is known under the term "the programme-free building": in a column-slab structure, every use is conceivable and spatially organisable – flats, offices, a hotel, or classrooms, etc. The "free facade" is non-load-bearing but wraps around protectively, mostly in the form of a glazed curtain-wall facade – today in the form of state-of-the-art glazed facade technology, as it was dreamed of around 100 years ago in a pioneeringly new manner by Mies van der Rohe for a high-rise building on Friedrichstrasse in Berlin in 1921. The currently tallest glazed building, the Burj Khalifa, stands in Dubai, irrespective of the climatic conditions, exposed to the scorching desert sun and grinding sandstorms. Such a glasshouse can only be operated by burning gallons of oil for cooling the interior spaces. Buildings of this type serve as status symbols of the first world and represent exactly the global architecture production in Dubai, Singapore, Moscow, Madrid, Shanghai, Houston, Hong Kong, etc.

The International Style has turned into a kind of "Formula One architecture", whose architectural stance is exchangeable, just like the fundamental problems on which it is based: to the grey CO_2 accrual of concrete and building production is added the CO_2 output of the building operation, whereby the latter intensifies over the entire lifespan of the building since the technology inevitably becomes outdated.

Whichever way one looks at it, one can't get around the question as to whether, after a 100 years of instituted standards that originate in the fossil-fuel-based 20th century, a fundamental reworking of the building code would not suggest itself. Does concrete technology need to fundamentally change? Or in any case cement production? Or does the solution to the problems only lie in the detailed fine-tuning and meticulous optimisation of every single area of building production and operation?

Since research on this is surely proceeding in full swing, one can only hope that the resulting knowledge and innovations also reach the field of practice in a timely manner.

die Betontechnologie grundsätzlich ändern? Oder auf jeden Fall die Zementproduktion? Oder liegt die Lösung der Probleme nur mehr in der kleinteiligen Feinjustierung und der akribischen Optimierung jedes einzelnen Bereichs der Bauproduktion und des Gebäudebetriebs? Da die Forschungen daran mit Sicherheit auf Hochtouren laufen, kann man nur hoffen, dass die daraus gewonnenen Erkenntnisse und Neuerungen auch rechtzeitig bis in die Praxis vordringen.

GRAUBÜNDEN: KONKRET

Was hat das alles mit der lokalen Betonarchitektur in Graubünden zu tun? Auf den ersten Blick nicht viel, die in dieser Publikation vorgestellten Bauten haben eine andere Dimension. Vor dem Hintergrund des geschichtlichen Werdegangs zeichnen sich aber selbst in dieser Region die gleichen Entwicklungen und Problemstellungen ab wie im Großen. Es sieht nur harmloser aus. Der Bezug auf die Bündner Bautradition oder ihre Fortsetzung mit anderen Mitteln reicht daher nicht mehr aus, das sind mindestens zwei Argumente zu wenig für eine eigenständige Betonarchitektur in Graubünden. Die Frage stellt sich tatsächlich: Worin besteht der architektonische und bauliche Mehrwert der Betonarchitektur in Graubünden? Eine Frage, die gerade in Bezug auf eine verantwortungsvolle und wertschöpfende Bautradition vor Ort gestellt, aber zum aktuellen Zeitpunkt noch nicht abschließend beantwortet werden kann.
Es fällt allerdings auf, dass die vorgestellten Betonhäuser nicht nur mit Akribie geplant, sondern auch mit Leidenschaft errichtet worden sind. Es sind keine belanglosen oder lieblosen Gebäude – im Gegenteil: Offenbar sind hier Architekten, Bauunternehmer und Handwerker eine Allianz eingegangen, die vom selben Ziel beseelt war: ein gutes Bauwerk zu errichten. Das ist bei einem so langlebigen Baumaterial wie Beton umso wichtiger, denn es kann nicht nachhaltig sein, was nicht mit Leidenschaft und Liebe geschaffen worden ist, und einmal erstellt, betrifft es uns für die nächsten 100 Jahre.
Hierin liegen vermutlich das Geheimnis und der Mehrwert der Betonarchitektur in Graubünden: dass sie auf der Basis einer Kultur des Vertrauens errichtet worden ist, wie sie heute leider nur noch in Regionen zu finden ist, wo gutes Handwerk und Respekt vor der gegenseitigen Erfahrung noch gepflegt werden. Es ist eine großzügige, aber dennoch fordernde und herausfordernde Haltung.

GRISONS: SPECIFICS

What does all this have to do with the local concrete architecture in Grisons? At first glance, not much, the buildings presented in this publication have another dimension. Against the backdrop of the historical development, however, the same trends and problems that exist on a larger scale can be observed even in this region. It only looks more harmless. The reference to the Grisons building tradition or its continuation with other means is therefore no longer sufficient, these are at least two arguments too few for an independent concrete architecture in Grisons. The question that, indeed, arises is: wherein lies the architectural and constructional surplus value of the concrete architecture in Grisons? This is a question that, especially with regard to a responsible and value-enhancing local building tradition, can be posed but not yet conclusively answered at present.

It should, however, be noted that the presented concrete buildings have not only been meticulously planned but also built with passion. These are not trivial or careless buildings – on the contrary: apparently, architects, contractors, and craftspeople entered into an alliance that was inspired by the same goal: to construct a good building. This is all the more important with such a long-lasting material as concrete, since nothing can be sustainable that hasn't been created with passion and love, and once it is created, it concerns us for the next 100 years.

Herein presumably lies the secret and the surplus value of the concrete architecture in Grisons: that it has been built on the basis of a culture of trust, as is today unfortunately only anymore found in regions where good craftsmanship and respect for mutual experience can still be cultivated. It is a generous but nevertheless demanding and challenging stance.

1 English version of the citation as per www.azquotes.com (accessed 24.05.2019).

DANIEL REISCH
arbeitet als Architekt, Redakteur und Hochschullehrer in Augsburg. Dort betreibt er sein Architekturbüro studio3- architekten gemeinsam mit Katinka Temme. Nach dem Studium in München war er von 2002 bis 2006 im Büro von Herzog & de Meuron in München und in Basel tätig. Im Anschluss arbeitete er als wissenschaftlicher Mitarbeiter an der Professur für Entwerfen und Baukonstruktion der Bauhaus-Universität in Weimar und war Teil des Studios Krucker Bates an der TU München. Neben seiner Tätigkeit als Architekt übt er aktuell Lehraufträge an der HS Augsburg aus. Daniel Reisch war Gastkritiker an zahlreichen Hochschulen und hat eine Vielzahl an Buchpublikationen und Zeitschriftenartikel veröffentlicht.

DANIEL REISCH
works as an architect, editor, and lecturer in Augsburg, where he runs his architectural practice studio3- architekten, together with Katinka Temme. Following his studies in Munich, he worked in the office of Herzog & de Meuron in Munich and Basel from 2002–2006. Subsequently, he worked as an academic assistant at the Chair for Design and Building Construction at the Bauhaus-Universität in Weimar and was part of the Studio Krucker Bates at the TU Munich. Apart from his occupation as an architect, he currently is assistant professor at the Augsburg University of Applied Sciences. Daniel Reisch has been a guest critic at numerous universities and has published many books and journal articles.

ARMANDO RUINELLI
wurde in Soglio – dem italienischsprachigen Teil Graubündens – geboren. Nach seiner Lehre und Tätigkeit als Hochbauzeichner in Zürich gründete er 1982 sein eigenes Architekturbüro an seinem Geburtsort. Im Jahr 2000 erfolgt die Umwandlung in Ruinelli Associati Architetti. Armando Ruinelli war Lehrbeauftragter an der Fachhochschule Kaiserslautern und hielt im Jahr 2008 eine Gastprofessur an der Fachhochschule Biberach a. d. Riss inne. Er war Mitglied zahlreicher Preisgerichte und Kommissionen, unter anderem des Landesbeirats Baukultur + Landschaft der autonomen Provinz Bozen-Südtirol sowie des Vorstands des Bündner Kunstvereins. Seine Bauten wurden in einer Reihe von Publikationen veröffentlicht und mit einer Vielzahl an Preisen bedacht.

ARMANDO RUINELLI
was born in Soglio, in the Italian-speaking part of Grisons. After his apprenticeship and occupation as structural draughtsman in Zurich, he founded his own architectural practice in 1982 at his place of birth. In 2000, the practice of Ruinelli Associati Architetti was founded. Armando Ruinelli has been a lecturer at the University of Applied Sciences Kaiserslautern and held a guest professorship at the Biberach University of Applied Sciences in 2008. He has been a member of numerous juries and committees, including the Advisory Council for Building Culture and Landscape of the autonomous province of Bolzano-South Tyrol, as well as the board of the Grisons Art Society, amongst others. His buildings are part of a series of publications and have been awarded numerous prizes.

ANDREA DEPLAZES
ist mit Valentin Bearth und Daniel Ladner Inhaber des Büros Bearth & Deplazes mit Sitz in Chur und Zürich. Die Arbeiten des Büros wurden weltweit publiziert und mit zahlreichen Preisen ausgezeichnet. Neben der Tätigkeit im Architekturbüro engagiert sich Andrea Deplazes in der Forschung und Lehre. Nach einer mehrjährigen Dozententätigkeit an der HTL in Chur übernahm er 1997 die Professur für Architektur und Konstruktion an der ETH Zürich. Dort war er auch von 2005 bis 2007 Vorsteher des Departements für Architektur. Das an seiner Professur entstandene Handbuch „Architektur konstruieren“ gilt als eines der wichtigsten Lehrbücher im Bereich der Baukonstruktion.

ANDREA DEPLAZES
is the owner of the office of Bearth & Deplazes, together with Valentin Bearth and Daniel Ladner, based in Chur and Zurich. The work of the practice has been published worldwide and awarded numerous prizes. Having been an assistant professor at the HTL in Chur for several years, Andrea Deplazes assumed the Professorship for Architecture and Construction at the ETH Zurich in 1997, where he was also dean of the Department of Architecture from 2005 to 2007. The handbook "Architektur konstruieren", created during his professorship, is considered one of the most important textbooks in the field of building construction.

Barozzi Veiga
Bailén 36
ES-08010 Barcelona

Bearth & Deplazes Architekten
Wiesentalstrasse 7
CH-7000 Chur

Gion A. Caminada
Schulhaus Vrin
CH-7149 Lumnezia

Andreas Fuhrimann Gabrielle Hächler Architekten
Hardturmstrasse 66
CH-8005 Zürich

Pablo Horváth
Süsswinkelgasse 10
CH-7000 Chur

Iseppi / Kurath
Compognastrasse 39
CH-7430 Thusis

Mierta & Kurt Lazzarini
Cho d'Punt 10
CH-7503 Samedan

Miller & Maranta
Schützenmattstrasse 31
CH-4051 Basel

Morger Partner Architekten
Spitalstrasse 8
CH-4056 Basel

Nickisch Walder
Via Davos 22
CH-7017 Flims

Ruch & Partner
Via Brattas 2
CH-7500 St. Moritz

Ruinelli Associati Architetti
Casa 67
CH-7610 Soglio

schneller caminada architekten
Via Principala 59
CH-7014 Trin

Architekturbüro Šik
Militärstrasse 52
CH-8004 Zürich

Atelier Strut
Neuwiesenstrasse 69
CH-8400 Winterthur

Valerio Olgiati
Senda Stretga 1
CH-7017 Flims

Die vorliegende Publikation basiert auf einem Lehrangebot an der Professur für Analoge Architektur und Entwerfen der HS Augsburg. Bei den Teilnehmern des Wahlpflichtfachs und des Sondergebiets „Regionale Identität. Bauen in Graubünden" – Nora Puhle, Nina Weidner, Katharina Erhard, Konrad Ullmann, Katharina Gaßner, Hanna Marie Lorenz, Lisa Hurler, Anna Martin, Marielle Richter – möchte ich mich herzlich für ihr Engagement bedanken! Weiter hätte das Buch ohne die freundliche Kooperation und die Unterstützung der Hochschule Augsburg nicht realisiert werden können.
The current publication is based on a course at the Chair for Analogue Architecture and Design at the Augsburg University of Applied Sciences. I would like to sincerely thank the participants of the compulsory optional subject and the special area Regional Identity. Building in Grisons for their commitment: Nora Puhle, Nina Weidner, Katharina Erhard, Konrad Ullmann, Katharina Gaßner, Hanna Marie Lorenz, Lisa Hurler, Anna Martin, Marielle Richter. The book would also not have been possible without the kind cooperation and support of the Augsburg University of Applied Sciences.

Allen, die durch Überlassung ihrer Bildvorlagen, durch Erteilung von Reproduktionserlaubnis und durch Auskünfte am Zustandekommen des Buches mitgeholfen haben, sagt der Verlag aufrichtigen Dank. Sämtliche Zeichnungen in diesem Werk sind eigens angefertigt. Trotz intensiver Bemühungen konnten wir einige Urheber der Abbildungen nicht ermitteln, die Urheberrechte sind aber gewahrt. Wir bitten um dementsprechende Nachricht.
The publisher would like to express their sincere gratitude to all those who have assisted in the production of this book, be it through providing photos or artwork, or granting permission to reproduce their documents, or providing other information. All the drawings were specially produced for this publication. Despite intensive endeavours, we were unable to establish copyright ownership in some cases; however, copyright is assured. Please notify us accordingly in such instances.

Fotografen / Photographers

Ambrosetti, Tonatiuh 141
© RhB, Andrea Badrutt 8 oben / top, 16 oben / top
Ruinelli Associati Architetti / Ralph Feiner 21, 50, 52, 54, 55
Bearth & Deplazes Architekten 140
Caviezel, Nott 48
Danuser, Gaudenz 88, 100, 103–105, Nachsatzpapier / endpaper back
Degonda, Lucia 94, 97–99
Feiner, Ralph 20, 34, 36 unten / bottom, 56, 58, 60, 62, 64, 65, 76, 79–82, 84–87, 91–93, 126, 129
Gräber, Andreas 36 oben / top
Jeck, Valentin 30, 32, 33
Keller, Roman 144 oben / top
Lenz, Anna 116, 118
Luperto, Claudia 70, 73–75
Menges, Simon 38, 41, 42/43
Nickisch Walder 90
Reisch, Daniel 8 unten / bottom, 9, 16 unten / bottom, 17, 112, 114, 115, 145
Rodriguez, Jana 37
Simonetti, Filippo Vorsatzpapier / endpaper front, 66, 68, 69
Smart Slab / Andrei Jipa 144 unten / bottom
Verme, Javier Miguel 133, 134
Walti, Ruedi 44, 47, 49, 120, 122, 124/125
Wehrli, Dominique Marc 106, 108–111
Wehrli, Dominique Marc ©Betonsuisse Marketing AG „Architekturpreis BETON 09" 130, 135

Herausgeber / Editor
Daniel Reisch

Autoren / Authors
Andrea Deplazes, Daniel Reisch, Armando Ruinelli

Redaktion / Editorial Team
Jana Rackwitz, Michaela Linder

Projektleitung / Project management
Steffi Lenzen

Lektorat (Deutsch) / Copy editing (German)
Steffi Lenzen, Jana Rackwitz

Übersetzung / Translation into English
Julian Jain, Berlin

Lektorat (Englisch) / Copy editing (English)
Stefan Widdess, Berlin

Gestaltung / Design
strobo B M, München / Munich

Cover / Cover
Kai Meyer, München / Munich

Zeichnungen / Drawings
Tina Wagner, Augsburg

Reproduktion / Reproduction
Repro Ludwig, Zell am See

Druck und Bindung / Printing and binding
druckpruskil.gmbh, Gaimersheim

Die für dieses Buch verwendeten FSC®-zertifizierten Papiere werden aus Fasern hergestellt, die nachweislich aus umwelt- und sozialverträglicher Herkunft stammen.
The FSC®-certified paper used for this book is manufactured from fibres originating from environmentally and socially compatible sources.

FSC www.fsc.org
MIX
Papier aus verantwortungsvollen Quellen
FSC® C014340

DETAIL Business Information GmbH,
München / Munich
detail.de

ISBN 978-3-95553-488-2 (Print)
ISBN 978-3-95553-489-9 (E-Book)

Bibliografische Information der Deutschen Nationalbibliothek: Die Deutsche Nationalbibliothek verzeichnet diese Publikation in der Deutschen Nationalbibliografie; detaillierte bibliografische Daten sind im Internet über http://dnb.d-nb.de abrufbar.

Bibliographical information published by the German National Library. The German National Library lists this publication in the Deutsche Nationalbibliografie; detailed bibliographical data are available on the internet at http://dnb.d-nb.de.